企业级卓越人才培养解决方案"十三五"规划教材

工程实践创新——智慧社区

天津滨海迅腾科技集团有限公司　主编

南开大学出版社

天　津

图书在版编目 (CIP) 数据

工程实践创新：智慧社区 / 天津滨海迅腾科技集团
有限公司主编 . — 天津：南开大学出版社，2018.8
　　ISBN 978-7-310-05644-6

　　Ⅰ.①工… Ⅱ.①天… Ⅲ.①社区建设－研究 Ⅳ.
①C912.8

中国版本图书馆 CIP 数据核字 (2018) 第 187341 号

主　编　李松波　孟英杰　董佳辉　归达伟
副主编　周青政　周　杰　周晓明　安敬鑫　郝振波

南开大学出版社出版发行
出版人：刘运峰
地址：天津市南开区卫津路 94 号　　邮政编码：300071
营销部电话：(022)23508339　23500755
营销部传真：(022)23508542　邮购部电话：(022)23502200
＊
天津午阳印刷有限公司印刷
全国各地新华书店经销
＊
2018 年 8 月第 1 版　　2018 年 8 月第 1 次印刷
260×185 毫米　16 开本　11.5 印张　280 千字
定价：39.00 元

如遇图书印装质量问题，请与本社营销部联系调换，电话：(022)23507125

企业级卓越人才培养解决方案"十三五"规划教材
编写委员会

王建国　烟台黄金职业学院

陈章侠　德州职业技术学院

郑开阳　枣庄职业学院

张洪忠　临沂职业学院

常中华　青岛职业技术学院

刘月红　晋中职业技术学院

赵　娟　山西旅游职业学院

陈　炯　山西职业技术学院

陈怀玉　山西经贸职业学院

范文涵　山西财贸职业技术学院

任利成　山西轻工职业技术学院

郭长庚　许昌职业技术学院

李庶泉　周口职业技术学院

许国强　湖南有色金属职业技术学院

孙　刚　南京信息职业技术学院

夏东盛　陕西工业职业技术学院

张雅珍　陕西工商职业学院

王国强　甘肃交通职业技术学院

周仲文　四川广播电视大学

杨志超　四川华新现代职业学院

董新民　安徽国际商务职业学院

谭维奇　安庆职业技术学院

张　燕　南开大学出版社

企业级卓越人才培养解决方案简介

　　企业级卓越人才培养解决方案(以下简称"解决方案")是面向我国职业教育量身定制的应用型、技术技能人才培养解决方案。以教育部—滨海迅腾科技集团产学合作协同育人项目为依托,依靠集团研发实力,联合国内职业教育领域相关政策研究机构、行业、企业、职业院校共同研究与实践的科研成果。本解决方案坚持"创新校企融合协同育人,推进校企合作模式改革"的宗旨,消化吸收德国"双元制"应用型人才培养模式,深入践行基于工作过程"项目化"及"系统化"的教学方法,设立工程实践创新培养的企业化培养解决方案。在服务国家战略:京津冀教育协同发展、中国制造2025(工业信息化)等领域培养不同层次的技术技能人才,为推进我国实现教育现代化发挥积极作用。

　　该解决方案由"初、中、高"三个培养阶段构成,包含技术技能培养体系(人才培养方案、专业教程、课程标准、标准课程包、企业项目包、考评体系、认证体系、社会服务及师资培训)、教学管理体系、就业管理体系、创新创业体系等;采用校企融合、产学融合、师资融合的"三融合"模式,在高校内共建大数据(AI)学院、互联网学院、软件学院、电子商务学院、设计学院、智慧物流学院、智能制造学院等;并以"卓越工程师培养计划"项目的形式推行,将企业人才需求标准、工作流程、研发规范、考评体系、企业管理体系引进课堂,充分发挥校企双方优势,推动校企、校际合作,促进区域优质资源共建共享,实现卓越人才培养目标,达到企业人才招录的标准。本解决方案已在全国几十所高校开始实施,目前已形成企业、高校、学生三方共赢的格局。

　　天津滨海迅腾科技集团有限公司创建于2004年,是以IT产业为主导的高科技企业集团。集团业务范围已覆盖信息化集成、软件研发、职业教育、电子商务、互联网服务、生物科技、健康产业、日化产业等。集团以科技产业为背景,与高校共同开展"三融合"的校企合作混合所有制项目。多年来,集团打造了以博士、硕士、企业一线工程师为主导的科研及教学团队,培养了大批互联网行业应用型技术人才。集团先后荣获天津市"五一"劳动奖状先进集体、天津市政府授予"AAA"级劳动关系和谐企业、天津市"文明单位""工人先锋号""青年文明号""功勋企业""科技小巨人企业""高科技型领军企业"等近百项荣誉。集团将以"中国梦,腾之梦"为指导思想,在2020年实现与100所以上高校合作,形成教育科技生态圈格局,成为产学协同育人的领军企业。2025年形成教育、科技、现代服务业等多领域100%生态链,实现教育科技行业"中国龙"目标。

前　　言

在移动互联网高速发展的时代,各种各样的移动应用层出不穷,迅速占领了各大市场,极大地方便了人们的生活。

本书是一本培养移动端开发全面人才的教材。同类型的开发类书籍中,大多是关于知识点的介绍以及案例,但缺乏真实项目开发过程中各个时期中遇到的问题。而本书由浅入深,全面、系统地介绍了智慧社区的实现过程,本书主要以学习如何对应用开发的可行性研究,在用户需求的基础上如何转换为需求分析说明书,如何对应用进行详细设计以及数据库设计,之后根据需求分析的进行系统首页、发现、我的模块的开发,对开发完成的项目进行包括业务测试、功能测试、系统测试在内的项目测试。

本书共八个模块,以"项目背景→需求分析→系统详细设计→数据库设计→智慧社区首页模块功能实现→智慧社区发现模块功能实现→智慧社区我的模块功能实现→项目测试及发布"为线索,从智慧社区的开发背景和开发需求,掌握智慧社区开发过程中各阶段的主要任务;从功能需求和非功能需求两方面介绍智慧社区项目需要实现的功能;根据需求分析进行系统详细设计;根据概念模型和关系模型进行智慧社区的数据库设计;介绍实现智慧社区首页、发现、我的模块功能,通过对该功能的实现,具有实现模块的页面布局能力,能够结合所学过的知识完成本项目功能的开发。

本书的每个模块都分为学习目标、内容框架、知识准备、模块实施、案例说明、轻松一刻、模块小结等来讲解相应的知识点。此结构条理清晰、内容详细,使读者在学习项目开发的过程中体会开发的乐趣。

本书由李松波、孟英杰、董佳辉、归达伟任主编,由周青政、周杰、周晓明、安敬鑫、郝振波等共同任副主编,李松波负责统稿,孟英杰、董佳辉、归达伟负责全面内容的规划,周青政、周杰、周晓明、安敬鑫、郝振波负责整体内容编排。具体分工如下:模块一至模块三由周青政、周杰共同编写,孟英杰负责全面规划;模块四至模块六由周晓明、安敬鑫共同编写,董佳辉负责全面规划,模块七至模块八由郝振波编写,归达伟负责全面规划。

本书内容系统、结构完整、讲解简明、方便实用,清晰地讲解项目开发过程中从需求分析到项目部署的所有环节,使读者体会项目开发的真实过程,是不可多得的好教材。

天津滨海迅腾科技集团有限公司

技术研发部

目　录

模块一　项目背景

本模块主要介绍智慧社区的开发背景和开发需求。通过本模块的学习,掌握智慧社区开发过程中各阶段的主要任务,这些知识将为系统开发打下扎实基础。

● 熟悉智慧社区开发中常用的建模工具与开发框架。
● 熟悉智慧社区的建设背景。
● 掌握智慧社区的功能和优势。
● 掌握如何对智慧社区进行可行性研究。

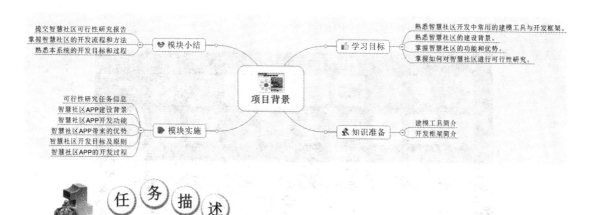

建模工具

（1）Pencil

Pencil 是一款专业的原型图绘制软件,这款软件能够帮助我们快速地绘制原型图。它内置多种原型图设计模板、多页背景文档、跨页超链接、文本编辑等,同时还支持导出 HTML、PNG、Word 等格式文件,支持用户自定义安装用户所需要的模板。Pencil 还可以用来绘制各种架构图和流程图,同时还提供 Firefox 的插件。

在智慧社区项目中,主要使用 Pencil 绘图工具进行页面原型图的绘制,使用它内置的设计模板进行页面的设计。

（2）Visio

Visio 是目前国内用得最多的 CASE 工具。它提供了日常使用中的绝大多数框图的绘画功能,同时提供了部分信息领域的实物图。Visio 的精华在于其使用方便。安装后的 Visio 既可以单独运行,也可以在 Word 中作为对象插入,与 Word 集成良好。其图像生成后在没有安装 Visio 的 Word 中仍然能够查看。同时在文件管理上,Visio 提供了分页、分组的管理方式。Visio 支持 UML 的静态和动态建模,对 UML 的建模提供了单独的组织管理。

在本项目中,使用 Visio 绘制数据库设计中的实体关系图、详细设计中的数据流图以及顺序图和一些基本的框架图。

（3）Axure

Axure 是由美国 Axure Software Solution 公司开发的一款快速原型设计工具。它能快速、高效地创建原型,同时支持多人协作设计和版本控制管理,让负责定义需求和规格、设计功能和界面的工程师能够快速创建应用软件或 Web 网站的线框图、流程图、原型和规格说明文档。Axure RP 的使用者主要包括商业分析师、信息架构师、可用性专家、产品经理、IT 咨询师、用户体验设计师、交互设计师、界面设计师等。另外,架构师、程序开发工程师也在使用 Axure。

开发框架

（1）如何选择开发模式

随着移动设备类型的增多,用户需求量在不断地增加,每个项目在启动之前都会考虑到成本、技术成熟度、项目需求、时间等因素。当开发 APP 的方案变得越来越多时,是采用混合开发还是原生态开发呢？这要结合预算、发布时间、包含的功能及特点、熟悉开发语言的程度、性能的要求等情况进行分析,APP 类型如图 1-1 所示。

图 1-1　APP 类型

（2）Hybrid APP（混合开发）介绍

Hybrid APP 主要用于三种方案的开发,分别是 Web 架构为重、编译转换方式、Native 架构为重（主流）。其优点和缺点如表 1-1 所示。

表 1-1　混合开发的优缺点

方案	优点	缺点
Web 架构为重	有利于 Web 前端技术人员快速地构建页面样式，便于调试，兼容多个平台	用户体验不如本地应用，技术不是很成熟
编译转换方式	利用自己熟悉的语言进行应用开发	严重依赖于其工具厂商提供的工具包
Native 架构为重（主流）	交互层的效率问题由 Native 解决了	运行效率低

（3）Native APP（原生态）介绍

每个开发框架都有自己的优缺点，Native APP 具体优缺点如下。

优点：

● 能够调用移动硬件设备的底层功能，比如个人信息，摄像头以及重力加速器等。
● 可访问手机所有功能（GPS、摄像头）。
● 速度更快、性能高、整体用户体验不错。
● 可线下使用（因为是在跟 Web 相对的平台上使用的）。

缺点：

● 开发成本高，尤其是当需要多种移动设备来测试时。
● 维护成本也高。
● 内容限制（App Store 限制）。
● 获得新版本时须重新下载应用更新（提示用户下载更新，用户体验差）。

1.1　可行性研究任务信息

任务编号 SFCMS（Smart Factory Central Management System）-01-01，见表 1-2、表 1-3 所示。

表 1-2　基本信息

任务名称	可行性研究				
任务编号	SFCMS-01-01	版本	1.0	任务状态	
计划开始时间		计划完成时间		计划用时	
负责人		作者		审核人	
工作产品	【】文档　【】图标　【】测试用例　【】代码　【】可执行文件				

表 1-3　角色分工

岗位	系统分析	系统设计	系统页面实现	系统逻辑编程	系统测试
负责人					

1.2　智慧社区 APP 建设背景

1.2.1　智慧社区问题提出

　　由于当今世界的快速发展,信息技术的突飞猛进,给人类生活带来契机的同时也带来一系列的挑战。如政府各部门通过网络信息平台将工作延伸到社区,双方没有很好地利用信息平台,会产生一些不必要的矛盾;社区组织的一系列活动不能满足居民的需求;社区和政府在居民生活和服务方面产生了大量的数据,形成了庞杂的"大数据"。但目前,就社区的技术手段来说,不能充分利用信息技术进行整合分析,造成了数据资源的浪费等问题,如图 1-2 所示。

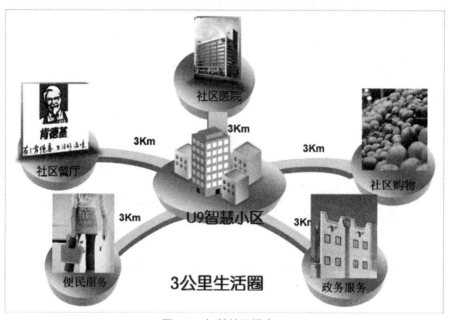

图 1-2　智慧社区提出 1

1.2.2　民心所向

　　随着人们对生活质量的要求越来越高,某公司就人们对智慧社区的想法和愿景做了一次问卷调卷。从问卷调查中可以得知,人们希望智慧社区更加安全便捷、绿色环保、个性多样化等,如图 1-3 所示。

图 1-3　智慧社区提出 2

1.2.3　政府的支持

　　党的十八大报告明确指出:"通过提高信息化运用手段,实现政府创新社会管理,改进公共服务的方式;通过加强基层社会管理和服务体系建设,增强城乡社区服务功能。"今年,国务院又连续出台《"互联网+"行动计划》和《促进大数据发展行动纲要》,明确提出要推进"互联网+"益民服务,发展体验经济、社区经济、共享经济等便民服务新业态,推动社会救助、养老服务、文化教育等领域开展大数据应用示范,开发各类便民应用,优化公共资源配置,提升公共服务水平,如图 1-4 所示。这些政策都充分体现了国家对智慧社区建设的高度重视。

图 1-4　智慧社区互联网

1.3 智慧社区 APP 开发功能

智慧社区 APP 的开发功能结构如图 1-5 所示。

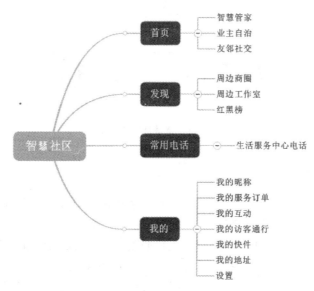

图 1-5 功能结构图

从图 1-5 可以看出,该项目主要分为四个部分,分别为首页、发现、常用电话、我的。

1. 首页

首页模块主要实时更新社区动态和活动公告,使社区居民及时地了解小区的最新动态,并为其提供了一些常用的重要服务。如购买饮用水,居民可以通过送水服务选择需要的商品,确定后可根据线上或线下进行付款,商家会根据用户提交的订单信息送货上门;缴费服务,缴费服务使居民不需要再去固定地址进行生活缴费,通过 APP 只需填写正确的住户信息即可随时随地进行缴费;维修服务,维修服务分为居家维修和公共维修两种,居民可在申请时选择,维修人员将在规定的时间内进行上门服务。通过这些服务,大大提升了社区居民的生活保证,使居民享受高质量的生活服务。

2. 发现

发现模块主要是对社区周边商圈和工作室的展示。社区居民可以根据自己的习惯关注自己喜欢的商圈和工作室,当有问题不能自己解决时可以进行咨询。APP 将自动定位到社区居民居住的小区附近,以地图的方式,展示社区周边的优惠商家、团购活动等信息。

3. 常用电话

常用电话模块主要用于社区居民有紧急需要时或老年人记不住电话号码时可以查看该模块。APP 具有拨打电话的功能,选择要拨打的电话,可直接拨打,并能够及时回复、迅速解决问题。

4. 我的

我的模块主要包括我的昵称、我的服务订单、我的互动、我的访客通行、我的快件、我的地址和设置等信息。其中我的昵称是根据个性设置进行修改的;我的服务订单主要是对居民消费的记录;我的互动主要是记录意见反馈等信息;我的访客通行主要是对访客信息的记录,可以提高社区的安全性;我的快件主要是居民购买的商品物流信息;我的地址主要为居民购买商品时填写的地址和申请维修服务时填写的地址。通过设置可以退出当前账号。

1.4 智慧社区 APP 带来的优势

智慧社区 APP 是为了满足居民的需求和利用互联网的发展给社区居民提供一个现代化、智慧化的生活环境,更方便地服务社区居民。

1. 便于社区居民互动。

社区居民可在线对社区信息进行咨询,提出意见和建议。物业服务公司也不定时地组织集体活动,通过在线征集社区居民参与,促进居民间的情感关系,使社区更和谐。

2. 便于社区居民及时知道自己的水费、电费等信息

智慧社区 APP 具有自动提醒功能,当用户电费、水费等面临欠费时,系统会提示居民及时缴费。

3. 便于社区居民和物业服务企业沟通

社区居民可在线接收物业公司发布的收费信息(如社区清理垃圾费用)以及紧急发布信息(如临时停电、停水等),提高社区居民与物业公司之间的交流。

4. 信息更加安全

社区内手机 APP 是业主通过实名认证的,物业管理方保证社区运用的安全性和业主的专属权利,不会造成业主个人信息的泄露。

5. 更快知道附件商圈的优惠

周边商圈功能覆盖了社区周边的所有商场,商家信息一应俱全,优惠活动随时更新,用户即使足不出户也能了解商场优惠。

1.5 智慧社区开发目标及原则

1.5.1 智慧社区 APP 的系统开发目标

智慧社区的开发一定是在社会创新建设管理上追求人的发展,拥有良好的生态体系,而不是仅仅加上"智慧"的头衔。该社区的建设要求更多的人参与到社会的建设当中,其目的是解决城市生活的各种问题。

1. 建设目标

智慧社区 APP 的建设主要是为了满足更多社区居民的要求,解决更多民生问题。以公共透明、生态体系和人的发展为要素,探索建立社会建设创新模式,优化现有的资源调配方式,动员更多的人参与社会建设,并使之成为高效的社区服务。

2. 建设原则

(1)政府主导、整合资源、公众参与。搭建凝聚各方力量的公共平台。

(2)以人为本、服务至上、生态发展。着力于提高社区生活的舒适度、亲和力和归属感。

(3)聚焦重点、服务大局、整体推进。

3. 建设路径

以面向服务的视角进行顶层设计,致力于为居民提供全面便捷的公共服务、安全有序的城市环境和丰富的生活设施。

以数字化、网络化、智能化、互动化、协同化为基本特征,构建科学、智能、人本、协调的社区生态系统;将服务方式、管理方式、生活方式进行融合。

运用信息化和智能化技术,建立感知系统,将城市建设和运行过程中所涵盖的关于社会管理、公共服务、民生需求,以及单位、个人提供服务等的海量信息,进行有效的捕捉、整合,并通过信息决策判断系统的智能化处理,及时、有效地提供给社会居民使用和互动体验。

建设一个综合服务的平台,在各服务单位和服务商之间构建桥梁,承载各行各业的服务应用。共享终端用户信息,能够便捷地组合服务,从而达到便民、便商、便管理的效果。

1.5.2　智慧社区 APP 的需求开发目标

本项目需求开发的目标包括以下几点。

需求获取:获取与智慧社区来自不同对象和来源的用户需求信息。

需求分析:对获取的需求信息进行分析,再综合自己已收集到的需求信息,找出其中不足的地方,进一步完善需求,建立智慧社区平台的需求模型。

需求定义:使用合适的语言进行描述,按照标准格式描述智慧社区平台的需求,并生成需求规格说明以及相关文档。

需求验证:审查和验证需求规格说明以及相关文档是否正确完整地表达了用户对智慧社区平台的需求。

1.5.3　智慧社区 APP 的开发原则

为了合理地开发智慧社区 APP,满足客户的需求,我们需要在设计方案时检查以下几个原则。

1. 安全性原则

安全可靠性:使用多种处理手段保证项目安全可靠,使项目更加稳定。将各种风险漏洞降至最低,从而降低用户在使用过程中遇到的风险概率。

安全保密性:使用各种加密机制对数据进行隔离保护,设置用户操作权限,对用户访问进行控制。不仅能保护用户的个人信息,更为用户提供一个安全的支付环境。

2. 经济性原则

经济性是衡量项目值不值得开发的重要依据。项目的设计应最大限度节省项目投资,所开发的项目应性能优良,设计面向实际,注重实用性,坚持经济并实用的原则。

3. 可扩展性原则

项目的设计要考虑业务未来发展因素,设计简明、规范,降低模块耦合度。为适应小区的分期开发需要,采用积木式结构,在不增加其他设备的基础上,可随时扩容,实现集中管理。便于产品的扩展、升级和维护更换。

4. 协调原则

组成智慧社区 APP 的各模块都有其独立功能,同时又相互联系,相互作用。某一模块发生了变化,其他模块也要相应地进行调整和改变。因此,在智慧社区 APP 开发过程中,必须考虑模块的相关性,即不能在不考虑其他模块的情况下孤立地设计某一模块。

5. 快速开发原则

遵循快速开发原则的项目能够快速进行二次开发,并可以在不影响项目使用的情况下,快速开发新业务、增加新功能。同时,可以对原有模块进行业务修改,保障了对项目版本的控制和对项目升级的管理。

1.6 智慧社区 APP 的开发过程

智慧社区 APP 应用程序的开发流程一般包括需求策划、需求研发和版本发布三个阶段。如图 1-6 所示。

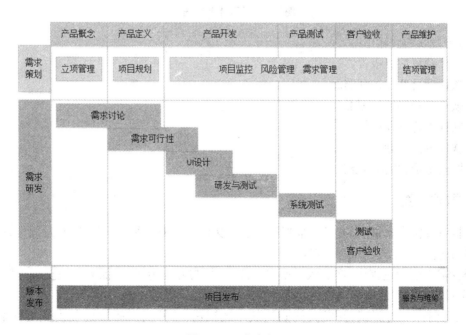

图 1-6 开发流程图

1.6.1 需求策划

在需求阶段,产品经理会对版本需求的重点、功能、如何实现等进行内部讨论,通过反复的调研、讨论,输出交互方案。确定方案后,需要确认需求可行性,查找相应的开发,讨论需求方案是否可行。如果方案确认,即可找 UI 设计师进行设计。UI 设计师通过产品经理与前端人员进行沟通,将会使产品的交互方案变得更加生动精美、规范。最后,产品经理将交互方案和实现逻辑完善,并对版本的 bug、其他优化需求等整理出完整的版本需求文档,组织项目所有成员进行宣讲。宣讲的主要目的是让项目成员清楚新版本需求的重点、功能以及为什么做(重点讲)。讲解交互方案或设计稿会给大家一个整体的印象,使大家了解版本功能的意义。

项目计划过程如图 1-7 所示。

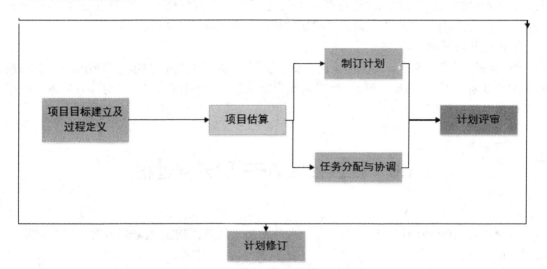

图 1-7　项目计划过程

在该阶段我们要输出:
- 软件项目估算报告。
- 软件项目开发计划书。
- 软件质量保证计划书。
- 软件配置管理计划书。
- 软件测试计划。
- 协商记录(根据需要)。

1.6.2 需求研发

项目启动:需求宣讲后,开发者根据产品需求文档进行需求评审,评估出研发周期、提测时间、预发布时间点、正式发布时间点。

研发:需求研发过程中,产品跟进研发进度,保持与开发沟通,确保需求被正确理解,及时解决研发过程中发现的新问题。

测试用例:产品、测试、开发共同确认版本测试用例,并同步研发过程中变更的需求和细节。

提测:产品验收开发输出的功能模块,并输出体验回归文档;测试根据用例验证需求逻辑,提出 bug、优化给开发。内网环境测试通过后,测试继续验证预发布环境、正式环境。

1. 项目需求分析

项目需求分析是将具体的业务流向抽象的信息流描述和转化的过程,如图 1-8 所示。它是智慧社区 APP 开发的关键环节。

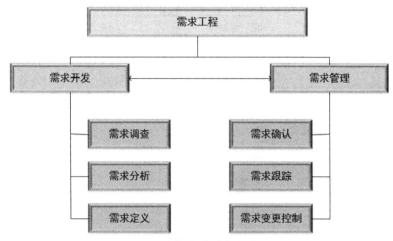

图 1-8　需求分析概述

(1)项目需求分析的目的。

项目需求分析在业务调查的基础上,对智慧社区 APP 的功能进行细致的分析,提出对项目完整、清晰、准确的要求,为项目分析与设计打下牢固的基础。项目需求分析的最终目标是通过对实际项目的详细业务流程分析,建立项目的逻辑模型,从而解决"项目必须要做什么"的问题。

(2)项目需求分析阶段工作内容。

项目需求分析阶段需要完成的工作内容包括项目的总体结构描述,各子项目的功能描述,确定项目软硬件配置环境。项目需求分析工作最终以项目组织结构、项目功能图、项目需求分析报告等项目需求分析文档向下一步项目分析与设计工作进行交接,经有关领导审批通过之后,转入项目分析与设计阶段。

(3)项目需求分析常用的工具。

在需求分析阶段,可以利用 Office Visio 的组织结构树、业务流程、业务数据以及数据间相互关系来描述项目的逻辑模型,也可以通过进一步绘制用例图和用例活动图建立需求分析模型。用例图如图 1-9 所示。

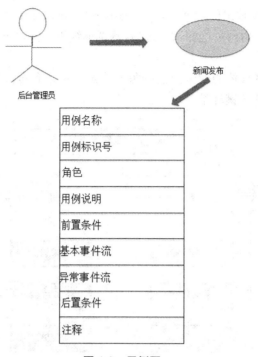

图 1-9　用例图

（4）项目需求分析阶段的相关文档。

项目需求分析阶段的相关文档主要包括软件需求说明书。软件需求说明书是为了用户和开发人员对项目的初始规定有一个共同的理解而编制，它是整个软件开发的基础。

2. 项目分析与设计

项目分析与设计主要包括总体设计（也称概要设计）和详细设计。

（1）项目分析与设计的目的。

项目分析与设计要根据项目需求分析报告中的项目功能需求综合考虑各种约束，利用一切可利用的技术手段和方法进行各种具体设计，建立可以在计算机环境中实施的项目物理模型，解决"项目怎么做"的问题。

（2）项目分析与设计的任务和方法。

项目分析与设计是利用一组标准的图表工具和准则，确定项目有哪些模块，用什么方法连接，如何构成良好的项目结构，并进行项目输入、输出、数据处理、数据存储等环节的设计。这一阶段的重点是设计好项目的总体结构。

总体设计阶段主要任务是选取软件体系结构，将项目划分为若干模块，确定每个模块的功能，决定模块间的调用和信息传递关系，确定本项目与其他外围项目接口，制订设计规范，确定用户界面风格，决定项目的运行平台，制订部署计划，设计类体系结构和数据库结构，进行安全性、可靠性及保密性设计，最后形成概要设计说明书。

详细设计阶段主要任务是对概要设计做进一步的细化，设计出项目的全部细节并给予清晰的表达，使之成为编码的依据。

项目分析与设计内容如表 1-4 所示。

表 1-4 项目分析与设计主要内容

设计内容	说明
功能模块设计	程序模块的分解,关于处理逻辑的说明
用户界面设计	用户界面风格设计,错误信息提示与处理
类体系结构设计	确定项目中的类以及类与类之间的关系

(3)项目分析与设计的工具。

在项目分析与设计阶段,可以在需求分析的基础上创建 UML 的数据流图、顺序图、流程图、类图。

(4)项目分析与设计阶段的相关文档。

项目分析与设计阶段相关的文档主要包括详细设计说明书。详细设计说明书包括模块描述、模块功能、数据流图等内容。

3. 项目实施

完成了项目分析与设计以后,就进入了项目实施阶段。实施过程如图 1-10 所示。该阶段的主要任务就是在计算机上真正实现一个具体的智慧社区 APP。

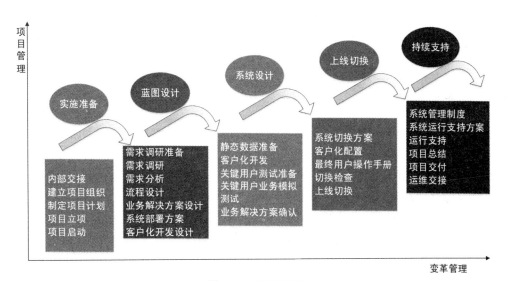

图 1-10 项目实施

(1)项目实施的目的。

项目实施的目的是将项目分析与设计阶段设计的项目物理模型加以实现,编写成符合设计要求的可实际运行的移动应用。

(2)项目实施的内容和方法。

项目实施阶段的主要工作包括建立项目开发和运行环境,搭建项目框架,编写、调试修改应用程序。

在项目实施阶段要成立项目实施工作领导小组,组织各专业小组组长及小组成员共同编制智慧社区 APP 实施计划,保证项目实施工作的顺利进行。

在进行安卓应用开发时,需要为项目搭建框架才能够进行。搭建项目框架主要是编写一套丰富的标准库以及简单的接口和逻辑结构,其目的是使开发人员更快速地进行项目开发,为项目的顺利进行打好基础。

程序编码的主要工作就是利用选定的程序设计语言,将详细设计结果翻译成正确的、易维护的程序代码。编码设计是开发全过程中重要的组成部分,要求编码具有可靠性、可读性、可维护性。

(3)项目实施阶段的管理文档。

项目实施阶段的管理文档如表 1-5 所示。

表 1-5　项目实施

文档名称	描述
开发日志	在项目实施过程中,小组成员每天进行开发日志的提交,以便对项目进度进行掌握
模块开发报告	模块开发完成之后,提交模块开发报告,对模块开发中所遇到的问题和解决方案进行详细的介绍
技术文档	模块开发完成后,小组成员对本模块开发过程中所用到的技术进行整理和总结
项目测试计划	测试计划提供一个对项目测试活动的安排,主要包括每项测试活动的内容、进度安排、设计考虑、测试数据的整体性方法及评价准则
测试分析报告	测试分析报告把组装测试和集成测试的结果、发现的问题以及分析结果以文件形式加以保存

1.6.3　版本发布

客服培训:测试验证的过程中,版本发布前,产品提前给客服培训新版本内容。

发布:后端开发、运维人员将代码发布外网环境,前端输出外网正式包。产品运营将正式包上传各大安卓市场或 ios -app store 提审。

1. 项目测试和部署

项目的测试主要包括模块测试和项目测试,用于检验项目的各项功能和性能,以及检验项目的可靠性、安全性、实用性和兼容性。测试流程如图 1-11 所示。

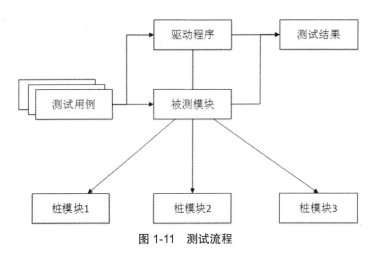

图 1-11　测试流程

在进行以上各个环节的同时开展人员培训工作。培训内容包括计算机项目的基础知识、智慧社区 APP 的基础知识、基本功能和操作方法以及对使用人员的要求、操作注意事项、可能故障和排除方法、个人在本项目中应该承担的工作等,使用户关心、支持项目的实现。

2. 项目维护

智慧社区 APP 是一个复杂的人机互动项目,项目外部环境与内部因素的变化不断影响项目的运行,因此需要不断完善,以提高该项目运行的效率与服务水平,这就需要自始至终地进行维护工作。项目维护如图 1-12 所示。

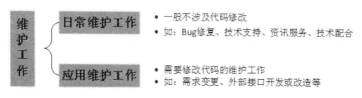

图 1-12　项目维护

(1)项目维护的目的。

项目维护的目的是保证项目正常、可靠、安全、稳定的运行,并不断地完善项目,以增强项目生命力,延长项目的使用寿命,提高项目的管理水平和经济效益。

(2)项目维护的内容。

项目维护工作主要包括数据库维护、程序维护、编码维护、机构和人员变动的维护。

【案例说明】

一个大型的项目,开发商 A 承接该项目后,组织了一个联合开发团队,A 派出了具有很强技术实力的高级开发人员 a 作为项目经理。B 作为合作机构,也派出了具有深厚业务背景的专家 b,加入此项目组,并被任命为产品经理。

项目组开始和客户的接触,了解需求。客户交给他们一个厚达百页的用例分析图,告诉项目组这就是需求,照着做就可以。a 和 b 在阅读完用例后,b 认为此项目和他以往做过的项目没有什么不同,有现成的方案满足客户需求。同时,b 考虑到降低本公司开发此类项目的成本,也为了能够满足客户灵活的需求,提出在本项目中开发一个通用的业务生成平台,即先搭建一个通用的业务开发框架。a 同意了 b 的请求,项目组开始设计此业务平台,今后的业务组件如同插件一样运行在此平台上。

计划确定后,项目组决定进行封闭开发。全体项目组进入一个远离市区的地点进行设计和开发,通用平台的构想使得项目组在开始的几个月没有任何可以交付的成果。但是项目组认为只要把此平台开发完成,就可以在一个月内开发完业务组件。在此期间,由于没有开发与业务相关的程序,所以也没有进行任何的测试工作。

5 个月过后,通用平台开发完毕,进入业务搭建过程。这时邀请客户来查看成果,结果客户认为他们理解的需求是错误的,而且系统存在很多错误。于是项目组重新去理解需求,结果发现很多需求在开发好的通用平台是很难实现的,而通用平台的修改意味着架构的重建。而且对于系统错误,尤其是对平台的不断修补,使得项目组士气低落。

最后,项目组权衡利弊之下,不得不推翻框架代码的设计,基本重新构架整个系统。

案例讨论：

你认为哪些因素导致案例项目失败？

你认为项目经理 a 有哪些失误之处？

针对上述因素你认为该如何改进？

【轻松一刻】

1. 场景一

一人跑步跑得正加速时，旁边跑步机一姐姐喊我，让我给她拍视频。"这样不行，我没化妆。""侧面不行，我有点胖。""你怎么不拍我全身啊，这样显矮。"我只想说"你浪费我时间，知道不？"最后，在她把头发散开，精心的拍好姿势后，给她记录下来了。然后她一下子从跑步机跳下，发朋友圈去了。

图 1-13　跑步机

常言道"身体是革命的本钱"，能拥有一个好的身体才能好好地享受美好的生活。朋友圈是记录生活点滴的好方式，但是我们不能因为自己的虚荣心而欺骗自己的身体！所以是时候行动起来了，快乐体操是一个不错的选择。

2. 场景二

一小伙一边跑一边看 NBA，听到后面有响动，回头一看，怎么健身教练站在我后面呢？"他看我干嘛？要指导我跑步？"我没钱，不请。怎么还不走？被人盯着后背都是凉的。算了，还是我走吧。刚走下跑步机，他就立刻把机器和电视关掉。原来因为我费电。

完成本模块的学习后，填写并提交快乐体操可行性研究报告（参见附录 1）。可行性报告的填写是对项目实施的可能性、有效性、如何实施以及相关技术方案等方面进行具体、深入、细致的介绍。

智慧社区可能性报告		
项目名称		
业务需求		
应用总体结构设计		
应用功能需求	模块划分	
	功能描述	
	开发环境需求	
	框架需求	
	开发人员需求	

模块二　需求分析

本模块主要从功能需求和非功能需求两方面介绍智慧社区项目需要实现的功能。通过本模块的学习，掌握智慧社区项目的主要功能以及开发的要求。

- 熟悉智慧社区项目的实现目标。
- 掌握智慧社区项目的主要功能。
- 熟悉需求分析的过程。
- 掌握智慧社区项目的开发需求。

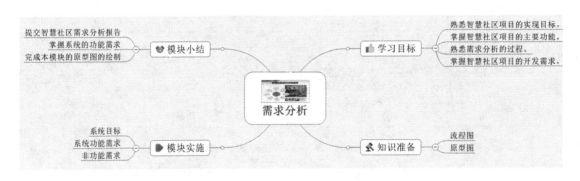

流程图

需求分析是软件开发中一个重要的环节，利用这个环节了解智慧社区的功能要求以及页面布局要求、确定系统开发的功能需求和非功能需求。获取需求的流程如图 2-1 所示。该需求文档为下阶段的设计、开发提供依据，为项目组成员对需求的详尽理解，以及在开发过程中的协同工作提供强有力的保证。同时本文档也作为项目评审验收的依据之一。

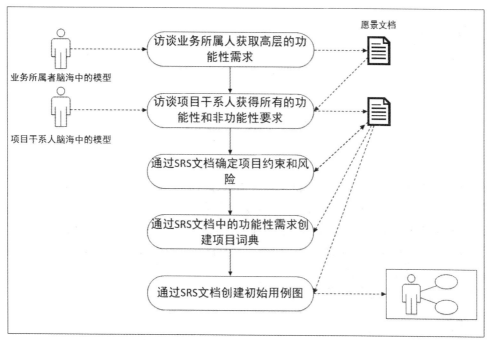

图 2-1 需求流程图

原型图

智慧社区项目采用的是原型化方法进行系统需求分析,利用原型图来直观地分析出页面的布局和功能以及实现的难易程度,反映系统的原貌,便于让开发人员根据用户需求去全面地考虑软件系统的体系结构和算法,了解项目做什么、怎么做、做到何种程度以及项目对数据、开发环境等因素的要求,如图 2-2 所示。

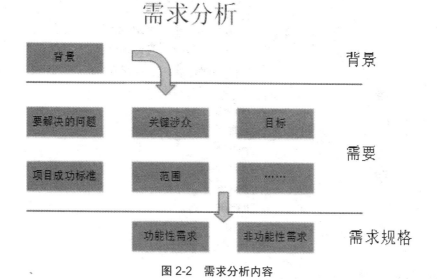

图 2-2 需求分析内容

2.1　系统目标

　　本系统为小区物业和社区居民提供了各种需求、解决了各种不方便解决的问题,为社区需求能够实现提供了完整的解决方案,在完成某公司的业务需求的同时达到了服务社区居民的目的,最终使社区居民实现自己的愿望,也能够方便物业和居民的沟通,拓展居民的业余生活。鉴于上述目标,本系统由两部分组成,分别是智慧社区客户端(以下简称服务平台)和智慧社区管理系统(以下简称管理系统)。

　　说明:此处只介绍智慧社区客户端需求。

2.1.1　首页

　　首页主要为物业的基本信息,比如最新消息显示、公告等,包括五个部分和三个模块。其中五部分为送水、缴费、超市、建议、家居,主要是社区居民的日常需求。三个模块主要包括智慧管家、业主自治、友邻社交。首页实现的功能如图 2-3 所示。

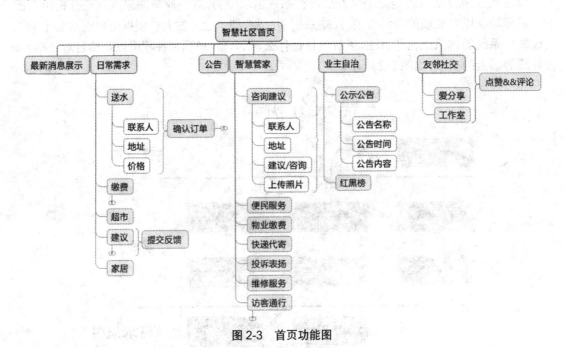

图 2-3　首页功能图

2.1.2　发现模块

　　发现模块主要是对社区周边的商圈和工作室进行汇总,可以帮助社区居民发现哪有什么好吃的,有什么新鲜的东西和小区周边的企业需求。具体实现的功能如图 2-4 所示。

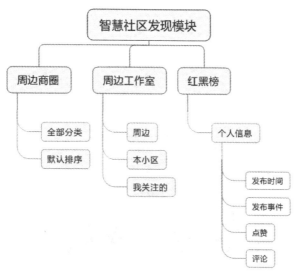

图 2-4 发现模块功能图

2.1.3 常用电话模块

常用电话模块主要用于业主有紧急需要的时候或老年人记不住电话号码的时候可以查看该界面,选择要拨打的电话,能够及时地回复并迅速解决问题。

2.1.4 我的模块

我的模块主要包括我的昵称、我的服务订单、我的互动、我的访客通行、我的快件、我的地址和设置等信息。其中我的昵称主要是对个人信息的修改。我的模块实现的功能如图 2-5 所示。

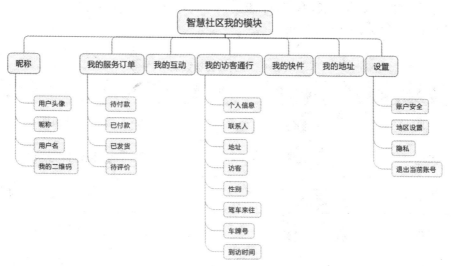

图 2-5 我的模块功能图

2.2　系统功能需求

2.2.1　首页模块

1. 首页

（1）首页页面示意图如图 2-6 所示。

图 2-6　首页页面示意图

（2）页面功能描述。

首页主要为物业的基本信息,比如最新消息显示、公告等,包括五个部分和三个模块。其中五个部分主要是社区居民的日常需求,比如送水、缴费、快递代寄、建议、维修服务等。三个模块主要包括智慧管家、业主自治、友邻社交。

（3）首页页面参说明如表 2-1 所示。

表 2-1　首页页面参数说明

参数	样式	值	备注
首页	按钮		主页面
发现	按钮		跳转到发现首页
常用电话	按钮		跳转到常用电话首页
我的	按钮		跳转到我的首页
轮播图	三张轮播图		显示推荐内容图片

续表

参数	样式	值	备注
送水	按钮		跳转到送水服务界面
缴费	按钮		跳转到物业缴费界面
快递代寄	按钮		跳转到快递代寄界面
建议	按钮		跳转到建议界面
维修服务	按钮		跳转到维修服务界面
公告	文本框		显示公告
智慧管家	按钮		跳转到智慧管家界面
业主自治	按钮		跳转到业主自治界面
友邻社交	按钮		跳转到友邻社交界面

2. 送水服务

（1）送水服务详情页面示意图如图 2-7 所示。

图 2-7　送水详情页面示意图

（2）页面功能描述。

该页面主要提供水的种类供用户选择进行购买。

（3）送水服务页面参数说明如表 2-2 所示。

表 2-2　送水服务页面参数说明

参数	样式	值	备注
联系人	文本框		
地址	文本框		
桶装水	文本框		
农夫山泉	文本框		
大瓶怡宝	文本框		
+	按钮		选择添加
请选择	按钮		跳转到选好了界面

3. 选好了

（1）选好了详情页面示意图如图 2-8 所示。

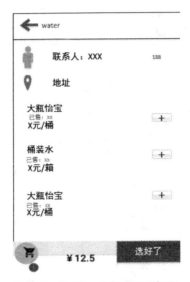

图 2-8　选好了详情页面示意图

（2）页面功能描述。

该页面主要显示用户选好的要购买的水，统计出数量和所需价格。

（3）选好了页面参数说明如表 2-3 所示。

表 2-3　选好了页面参数说明

参数	样式	值	备注
联系人	文本框		
地址	文本框		

续表

参数	样式	值	备注
桶装水	文本框		
农夫山泉	文本框		
大瓶怡宝	文本框		
+	按钮		
共计	文本框		统计数量和金额
选好了	按钮		跳转到确认订单界面

4. 确认订单

（1）确认订单详情页面示意图如图 2-9 所示。

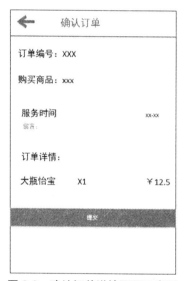

图 2-9　确认订单详情页面示意图

（2）页面功能描述。

该页面主要是显示用户需要确认的信息，包括所选择的种类和金额，提供支付方式。

（3）确认订单页面参数说明如表 2-4 所示。

表 2-4　确认订单页面参数说明

参数	样式	值	备注
联系人	文本框		
地址	文本框		
XX 水	文本框		

续表

参数	样式	值	备注
合计金额	文本框		
服务时间	文本框		
留言	文本框		
选择支付方式	文本框		
线下支付	选择框		
线上支付	选择框		
应付	文本框		
立即下单	按钮		跳转到选择付款方式界面

5. 选择付款方式

（1）选择付款方式详情页面示意图如图 2-10 所示。

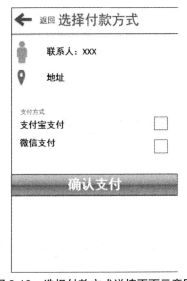

图 2-10　选择付款方式详情页面示意图

（2）页面功能描述。

该页面主要是显示用户的订单号和需要支付的金额,提供多种支付方式供用户选择。

（3）选择付款方式页面参数说明如表 2-5 所示。

表 2-5　选择付款页面参数说明

参数	样式	值	备注
订单编号	文本框		
订单服务	文本框		
合计金额	文本框		
应付金额	文本框		
选择付款方式	文本框		
账户余额支付	选择框		
支付宝支付	选择框		
微信支付	选择框		
确认支付	按钮		跳转到支付成功界面

6. 物业缴费

（1）物业缴费详情页面示意图如图 2-11 所示。

图 2-11　物业缴费详情页面示意图

（2）页面功能描述。

该页面主要显示用户待缴费信息、缴费记录和预缴费信息。

（3）物业缴费页面参数说明如表 2-6 所示。

表 2-6　物业缴费页面参数说明

参数	样式	值	备注
联系人	文本框		
地址	文本框		
待缴费信息	按钮		
缴费记录	按钮		跳转显示缴费记录
待缴费信息	文本框		
预缴费信息	文本框		
筛选	按钮		
合计金额	文本框		
缴费	按钮		跳转到缴费完成界面

7. 咨询建议

（1）咨询建议详情页面示意图如图 2-12 所示。

图 2-12　咨询建议详情页面示意图

（2）页面功能描述。

该页面主要是用户给物业提建议或者进行咨询。

（3）咨询建议页面参数说明如表 2-7 所示。

表 2-7　咨询建议页面参数说明

参数	样式	值	备注
联系人	文本框		
地址	文本框		
请选择	文本框		
建议	按钮		跳转显示缴费记录
咨询	按钮		跳转到咨询界面
填写建议	文本框		
上传照片	按钮		点击上传照片
填好了	按钮		跳转到建议填写完成界面

8. 智慧管家

（1）智慧管家详情页面示意图如图 2-13 所示。

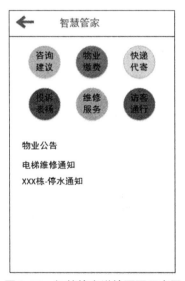

图 2-13　智慧管家详情页面示意图

（2）页面功能描述。

该页面主要给用户提供多种服务，包括咨询建议、便民服务、物业缴费、快递代寄、投诉表扬、维修服务、访客通行等。

（3）智慧管家页面参数说明如表 2-8 所示。

表 2-8 智慧管家页面参数说明

参数	样式	值	备注
咨询建议	按钮		跳转到咨询建议界面
便民服务	按钮		跳转到便民服务界面
物业缴费	按钮		跳转到物业缴费界面
快递代寄	按钮		跳转到快递代寄界面
投诉表扬	按钮		跳转到投诉表扬界面
维修服务	按钮		跳转到维修服务界面
访客通行	按钮		跳转到访客通行界面
物业公告	文本框		
更多	按钮		
电梯维修通知	文本框		

9. 快递代寄

（1）快递代寄详情页面示意图如图 2-14 所示。

图 2-14 快递代寄详情页面示意图

（2）页面功能描述。

该页面主要是供用户选择快递公司并上传照片进行快递代寄。

（3）快递代寄页面参数说明如表 2-9 所示。

表 2-9 快递代寄页面参数说明

参数	样式	值	备注
联系人	文本框		
地址	文本框		
选择快递公司	按钮		
上传照片	按钮		
填好了	按钮		

10. 投诉表扬

（1）投诉表扬详情页面示意图如图 2-15 所示。

图 2-15 投诉表扬详情页面示意图

（2）页面功能描述。

该页面主要分为投诉和表扬两部分，供用户发表意见。

（3）投诉表扬页面参数说明如表 2-10 所示。

表 2-10 投诉表扬页面参数说明

参数	样式	值	备注
联系人	文本框		
地址	文本框		
请选择	按钮		

参数	样式	值	备注
投诉	按钮		
表扬	按钮		
上传照片	按钮		
填好了	按钮		提交意见

11. 维修服务

（1）维修服务详情页面示意图如图 2-16 所示。

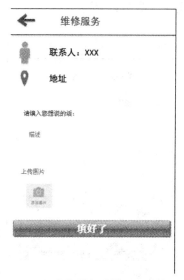

图 2-16　维修服务详情页面示意图

（2）页面功能描述。

该页面主要分为居家维修和公共维修部分，用户根据情况选择提交维修信息。

（3）维修服务页面参数说明如表 2-11 所示。

表 2-11　维修服务页面参数说明

参数	样式	值	备注
联系人	文本框		
地址	文本框		
请选择	按钮		

续表

参数	样式	值	备注
居家维修	按钮		
公共维修	按钮		
上传照片	按钮		
填好了	按钮		提交维修信息

12. 访客通行

（1）访客通行详情页面示意图如图 2-17 所示。

图 2-17　访客通行详情页面示意图

（2）页面功能描述。

该页面通过记录来访人员信息生成通行证。

（3）访客通行页面参数说明如表 2-12。

表 2-12　访客通行页面参数说明

参数	样式	值	备注
联系人	文本框		
地址	文本框		
请选择	文本框		
性别	下拉框		

参数	样式	值	备注
驾车来往	滑动按钮		
车牌号	文本框		
到访时间	文本框		
生成通行证	按钮		

13. 业主自治

（1）业主自治详情页面示意图如图 2-18 所示。

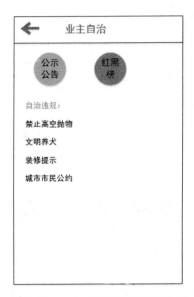

图 2-18　业主自治详情页面示意图

（2）页面功能描述。

该页面主要有关于本小区的"公示公告"和"红黑榜"，点击可分别进入不同的页面。

（3）业主自治页面参数说明如表 2-13。

表 2-13　业主自治页面参数说明

参数	样式	值	备注
公示公告	按钮		跳转到公示公告界面
红黑榜	按钮		跳转到红黑榜界面
自治违规	文本框		

续表

参数	样式	值	备注
更多	按钮		
禁止高空抛物	文本框		
文明养犬	文本框		
装修提示	文本框		
城市市民公约	文本框		

14. 公示公告

（1）公示公告详情页面示意图如图 2-19 所示。

图 2-19　公式公告详情页面示意图

（2）页面功能描述。

该页面显示的是小区物业给用户发布的一些公示公告。

（3）公示公告页面参数说明如表 2-14 所示。

表 2-14　公示公告页面参数说明

参数	样式	值	备注
标题	文本框		
时间	文本框		
内容	文本框		

15. 红黑榜

（1）红黑榜详情页面示意图如图 2-20 所示。

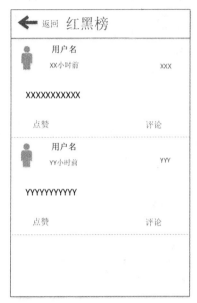

图 2-20　红黑榜详情页面示意图

（2）页面功能描述。

该页面显示的是本小区一些用户的优良事迹，用户可进行点赞或评论。

（3）红黑榜页面参数说明如表 2-15 所示。

表 2-15　红黑榜页面参数说明

参数	样式	值	备注
用户名	文本框		
时间	文本框		
内容	文本框		
点赞	按钮		
评论	按钮		

16. 友邻社交

（1）友邻社交详情页面示意图如图 2-21 所示：

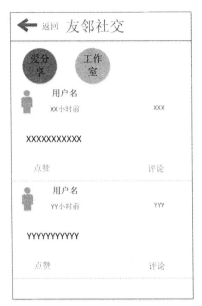

图 2-21 友邻社交详情页面示意图

（2）页面功能描述。

该页面主要是用来进行社交的，有"爱分享"和"工作室"两部分，可进行点击进入不同页面。

（3）友邻社交页面参数说明如表 2-16 所示。

表 2-16 友邻社交页面参数说明

参数	样式	值	备注
爱分享	按钮		跳转到爱分享界面
工作室	按钮		跳转到工作室界面
用户名	文本框		
时间	文本框		
内容	文本框		
点赞	按钮		
评论	按钮		

17. 爱分享

（1）爱分享详情页面示意图如图 2-22 所示。

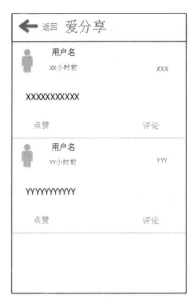

图 2-22　爱分享详情页面示意图

（2）页面功能描述。

该页面显示的是用户分享的一些奇闻趣事，其他的用户可进行点赞或评论。

（3）爱分享页面参数说明如表 2-17 所示。

表 2-17　爱分享页面参数说明

参数	样式	值	备注
用户名	文本框		
时间	文本框		
内容	文本框		
点赞	按钮		
评论	按钮		

18. 工作室

（1）工作室详情页面示意图如图 2-23 所示。

图 2-23　工作室详情页面示意图

（2）页面功能描述。

该页面分成三个专区，分别是周边、本小区和我关注的，每一个专区所显示的内容是一些红人，用户可点击"关注"。

（3）工作室页面参数说明如表 2-18 所示。

表 2-18　工作室页面参数说明

参数	样式	值	备注
周边	按钮		点击显示周边红人列表
本小区	按钮		点击显示本小区红人列表
我关注的	按钮		点击显示我关注的红人列表
用户名	文本框		
粉丝	文本框		
内容	文本框		
关注	按钮		点击进行关注

2.2.2　发现模块

1. 发现模块主界面

（1）发现模块页面示意图如图 2-24 所示。

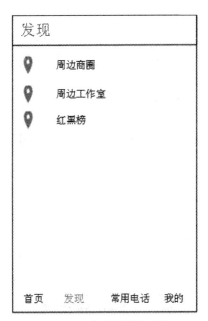

图 2-24　发现页面示意图

（2）页面功能描述。

本页面是发现模块主界面，显示周边活动列表。主要显示周边商圈、周边工作室和红黑榜。

（3）发现模块页面参数说明如表 2-19 所示。

表 2-19　发现模块页面参数说明

参数	样式	值	备注
周边商圈	按钮		跳转到周边商圈界面
周边工作室	按钮		跳转到周边工作室界面
红黑榜	按钮		跳转到红黑榜界面

2. 周边商圈界面

（1）周边商圈页面示意图如图 2-25 所示。

 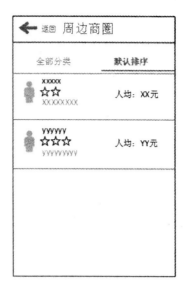

图 2-25 周边商圈页面示意图

（2）页面功能描述。

本页面主要分成两部分，全部分类和默认排序。两部分显示的内容是周边的店铺信息，店铺显示的内容有：店名、人均消费信息、受欢迎度和内容介绍。

（3）周边商圈页面参数说明如表 2-20 所示。

表 2-20 周边商圈页面参数说明

参数	样式	值	备注
全部分类	按钮		跳转显示全部分类列表
默认排序	按钮		跳转显示默认排序列表
店名	文本框		
热度	文本框		
介绍	文本框		
人均消费	文本框		

3. 周边工作室界面

（1）周边工作室页面示意图如图 2-26 所示。

图 2-26 周边工作室页面示意图

（2）页面功能描述。

本页面主要分成三部分，分别是周边、本小区和我关注的，三部分显示的内容是周边的一些工作室，工作显示的内容有：用户名、粉丝、介绍、关注。

（3）周边工作室页面参数说明如表 2-21 所示。

表 2-21 周边工作室页面参数说明

参数	样式	值	备注
周边	按钮		跳转显示周边工作室列表
本小区	按钮		跳转显示本小区工作室列表
我关注的	按钮		跳转显示我关注的工作室列表
用户名	文本框		
粉丝	文本框		
内容	文本框		
关注	按钮		

2.2.3　常用电话模块

1. 主界面

（1）常用电话模块页面示意图如图 2-27 所示。

图 2-27　常用电话页面示意图

（2）页面功能描述。

常用电话模块主要用于业主有紧急需要的时候或老年人记不住电话号码的时候可以查看该界面，选择要拨打的电话，能够及时的回复并帮你迅速解决问题。

（3）常用电话模块页面参数说明如表 2-22 所示。

表 2-22　常用电话页面参数说明

参数	样式	值	备注
拨打电话	按钮		跳转到拨打电话界面

2.2.4　我的模块

1. 主界面

（1）我的模块页面示意图如图 2-28 所示。

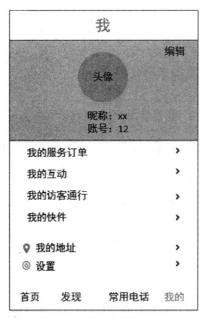

图 2-28　我的页面示意图

（2）页面功能描述。

我的模块主要包括我的昵称、我的服务订单、我的互动、我的访客通行、我的快件、我的地址和设置等信息。

（3）我的模块页面参数说明如表 2-23 所示。

表 2-23　我的页面参数说明

参数	样式	值	备注
昵称	文本框		
个性设置	文本框		
我的服务订单	按钮		
我的互动	按钮		
我的访客通行	按钮		
我的快件	按钮		
我的位置	按钮		

2.3　非功能需求

2.3.1　性能要求

本系统在正常的网络环境下,应能够保证系统的及时响应:

(1)小批量的业务处理的响应时间在 3 ～ 8 秒。

(2)大批量的业务处理和查询的响应时间控制在 30 ～ 40 秒以内。

2.3.2　安全性

本系统的系统架构,以及权限机制可以保证系统的安全性。

一方面,从系统架构看,本系统采用 B\S 模型,MVC 模式,从而使服务器数据源与客户端分离,保证了数据的物理独立性。

另一方面,本系统的用户授权机制通过角色的定义管理实现,定义某些角色的操作权限。

2.3.3　设计约束

详细说明对系统的设计局限性。设计局限的定义代表了对系统要求的决策,这可能出于商务运作、资金、人员、时间等多方面的综合考虑,从而指导软件的设计和开发。例如,软件的开发语言、开发环境、开发工具、第三方软件、硬件使用以及网络设备等。

1. 语言约束

本系统是基于中文系统环境开发和使用的,系统必须支持中文处理。

2. 系统模型约束

本系统采用 MVC 模型,实现表现层和控制层的分离,提高可重用性、可移植性。

3. 开发环境

为了保证系统软件的协调性,我们要求参与开发的所有人员使用一致的开发软件和版本号,为之后合成软件奠定基础。

如果使用混合开发软件,其软件及版本如表 2-24 所示。

表 2-24　软件及版本

需求	描述	版本号
混合开发框架	Ionic+Cordova	
编写语言	HTML5+CSS3+TypeSript	
编程软件	Webstrom/sublime Text2	
环境配置	Node.js、Ionic、JDK、SDK	

如果使用原生态开发软件,其软件及版本号如表 2-25 所示。

表 2-25　软件及版本号信息

需求	描述	版本号
原生态开发框架	MVC MVP	
编程软件	Android Studio	
环境配置	JDK1.8、SDK	
编写语言	JAVA	

4. 开发人员需求

混合开发人员需具备的知识：

（1）熟悉 Angular 开发技术。

（2）精通 Ionic 技术。

（3）熟练使用开发工具。

（4）具有良好的沟通能力。

原生态开发人员需具备的知识：

（1）熟悉 Android 开发技术，包括 UI、网络等方面。

（2）精通 Android 开发工具和相关开发测试工具的使用。

（3）有良好的沟通能力，团队合作精神，能承担工作压力。

（4）具备良好的文档编制习惯和代码书写规范。

【轻松一刻】

1. 场景一

有个人，来到本地一家健身馆想减肥，好使自己苗条些。健身馆里备有各种健身计划，看来挺复杂。于是，这家伙选了一种最便宜的，就是在一小时内减掉一磅。他被带到一间房子里，里面站着一个美丽的女子，手里拿着个牌子，上面写道："如果你能抓住我，就做你女朋友！"这家伙立即接受了挑战，开始追逐女孩，但每次都是快要抓住女孩时，又给她跑掉。一个小时过去了，他仍没有抓住那个女孩。健身教练带他去称了一下体重，刚好少了一磅。"这挺不错嘛，"这家伙心想，"我既能减肥，又能开心耶。"这次，他选了一个稍贵些的减肥方案，可以在一小时内减去两磅。他被带到一间房里，里面站着两位美丽的女孩，手里都拿着牌子，上面也写道："如果你能抓住我，我们两个都做你女朋友！"这家伙十分兴奋，拼命地追赶这两个女孩子，最后还是一个也没追到。一小时后，教练又给他称了下体重，刚好掉了两磅肉。这时，这家伙被激怒了，他告诉经理，他要选用最贵的减肥方案。经理向他保证他一定能够在一小时内减去十磅，但是又补充说，这个方案十分危险。这家伙心想，不就是再多几个女孩吗，越多就越有机会，至少能够抓住一个吧。他催经理赶快把他送到那个最贵的房间去，尽管经理不断向他声明危险。于是，这人被带到一个稍远些的一间房子里。进去之前经理先让他补充了一些能量，然后让他进去，在外面锁上了门。房间里灯光昏暗，等待他的是一只雌性黑猩猩。只见它手里拿着一个牌子，上面写道："如果我抓住你，你就做我男朋友！"

2. 场景二

丈夫领了单位发的"五一"过节费，回到家后便如数上交给老婆大人。老婆接过钱，"噼里啪啦"地点了点,说:"就这点儿? 举起手来,让我搜搜,留没留小金库?"

丈夫一边笑嘻嘻地分辩,一边乖乖举起双手,任老婆往裤兜里掏。

这时,丈夫的父亲突然推门而入,丈夫连忙把手放下来,尴尬地笑笑。老婆忙解释说:"爸,我最近刚学了一套健身操,这不,我正教他呢。爸,要不你也学学?"

老人咧开嘴,腼腆地笑了笑,说:"不用学,30 年前我就学会了,还是他妈教的呢!"

- 研究并使用建模工具完成本模块的原型图的绘制。
- 完成本模块的学习后,填写并提交智慧社区需求分析报告(参见附录 2)。

智慧社区需求分析报告		
项目名称		
业务需求		
应用总体结构设计		
应用功能需求	模块划分	
	功能描述	
	开发环境需求	
	框架需求	
	开发人员需求	

模块三　系统详细设计

本模块主要介绍根据需求分析如何进行系统详细设计。通过对本模块内容的学习,了解系统详细设计的过程,学习如何对项目所采用的算法的逻辑关系进行分析,并设计出全部必要的细节,给予清晰的表达,使之成为编码测试的依据。

- 熟悉系统详细设计的基本内容。
- 掌握智慧社区的设计要求。
- 熟悉系统详细设计的基本流程。
- 掌握智慧社区的总体结构。

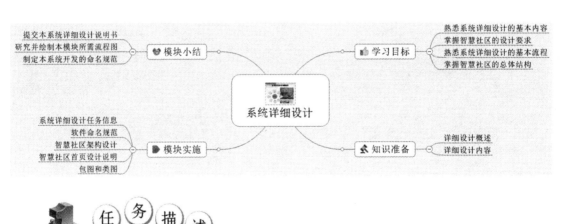

本模块介绍的是如何根据需求分析说明书对智慧社区进行详细设计。它主要说明项目的整体结构以及各个模块的涉及范围,对模块的划分有更清晰的了解,并且需要对模块中内部结构以及模块内部数据流的处理过程进行描述。

详细设计概述

详细设计过程是依据甲方客户提供的业务信息,转化为项目标准的需求文本。主要设计元素包含页面的命名规范说明、数据描述、数据流图以及页面设计。开发人员主要按照详细设计说明书编写代码。

详细设计内容

本文档的编写旨在为系统的开发提供详细的指导,需要阅读此文档的人员包括系统开发人员、数据设计人员、页面设计人员等。编写系统设计说明书的过程其实就是一个模拟开发的过程,将开发过程可能产生的大部分问题挖掘出来,避免影响后期开发过程中的进度。编写设计文档的同时,相当于给开发团队定了一个标准,能够完整地展望出整个项目,使开发和测试可以有共同的标准。

3.1　系统详细设计任务信息

任务编号 SFCMS-03-01,见表 3-1、表 3-2 所示。

表 3-1　基本信息

任务名称	系统详细设计				
任务编号	SFCMS-03-01	版本	1.0	任务状态	
计划开始时间		计划完成时间		计划用时	
负责人		作者		审核人	
工作产品	【 】文档 【 】图表 【 】测试用例 【 】代码 【 】可执行文件				

表 3-2　角色分工

岗位	系统分析	系统设计	系统页面实现	系统逻辑编程	系统测试
负责人					

3.2　软件命名规范

软件命名规范的目的是规定一个设计模型所应具备的基本元素,统一对设计工具使用的方式,以保证项目成员将沟通的重点放在如何实现用户需求上,也便于同类项目之间的比较和参考(说明:此处命名规范针对于原生态开发)。

3.2.1　包的命名规则

包是将相关的类和接口组织成层级结构的名称空间。包的命名规则如下:
- 包名都是由小写字母组成的。
- 包名应该能反映包中的内容。
- 包名应该是独有的,不可重复的。
- 包名都以 com 开头。

3.2.2　类与接口的命名规则

Java 中主要是通过类与接口完成特定功能的,因此,必须要有一个中心目的。其命名规则如下:
- 类与接口的名字应该表达其中心目的。
- 类与接口的名字一般由大写字母开头。
- 类与接口的名字可以由若干单词组成,每个单词的第一个字母采用大写字母,其余字母采用小写字母。
- 一般不用动词命名类。

3.2.3　方法的命名规则

方法反映了对象所具有的行为,一般用来描述对象所具有的功能或者对象可操作的功能。其命名规则如下:
- 方法名一般使用动词。
- 方法名字母应该小写。
- 方法名可以由若干单词组成。

3.2.4　变量的命名规则

成员变量、局部变量、静态变量等都属于变量。变量的命名规则如下:
- 变量名开头必须为字母、下划线或者美元符号。
- 变量名应该易于理解。
- 变量名可以由若干单词组成,可以采用下划线连接。

3.2.5　常量的命名规则

- 常量的命名一般采用英文,可以由若干单词组成。

3.2.6 智慧社区的命名

智慧社区的命名如表 3-3 所示。

表 3-3 智慧社区命名方式

项目	文件夹命名	通过名称可以确定其中的主要内容。例:JSON(存放解析 JSON 的实体类)
	包的命名	可以清晰地显示其中包含的主要内容。例: com.example.lxt.execise.alipay(存放支付相关的类)
	Activity 命名	页面命名尽量与其内容相关。例:Login(登录页面)
	layout 命名	表达其核心内容。例:activity_login.xml(登录页面布局文件)
	方法的命名	一般使用动词。例:login()(登录方法)
	变量的命名	英文单词。例:UserName(用户名)

3.3 智慧社区架构设计

3.3.1 智慧社区逻辑架构设计

图 3-1 所示为本项目的逻辑架构图,包括以下几个方面。

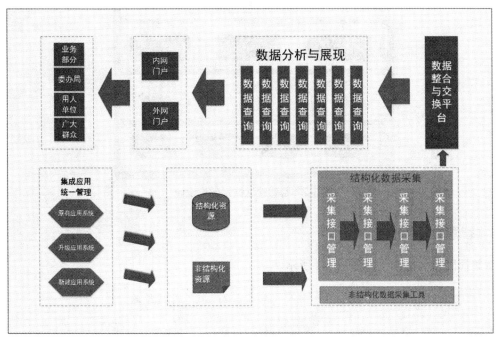

图 3-1 智慧社区逻辑架构设计

1. 应用系统建设

该项目的重点是为实现社区居民便利化、快捷化而开发的新的应用系统。整体通过面向服务管理架构模式实现应用组件的有效融合,实现统一化管理和维护。

2. 应用资源采集

从图中可以看出资源采集分为两部分:结构化资源和非结构化资源。结构化资源通过服务器端对应的接口进行采集,采集后经过审核和处理进入数据交换平台。非结构化资源通过数据采集工具进行采集。

3. 数据分析和展现

采集完成的数据将通过有效的资源分析管理机制实现资源的有效管理与展现,具体包括了对资源的查询、分析、统计、汇总、报表、预测、决策等功能模块的搭建。

4. 数据应用

通过外网向所有用户公开使用,通过内网实现部门间相关资源的查询。

3.3.2　智慧社区技术架构设计

从图 3-2 中可以看出智慧社区技术架构包含五部分,分别是数据资源层、应用集成层、服务层、表示层和应用前端。

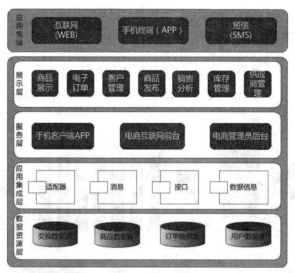

图 3-2　智慧社区技术架构设计

3.3.3　智慧社区整体结构设计

智慧社区整体结构设计如图 3-3 所示。

图 3-3　智慧社区整体结构设计

3.4　智慧社区首页设计说明

3.4.1　开发技术要求

1. 混合开发

● 使用 Angular+Ionic 框架，进行环境搭建。

● 项目事务处理使用 Angular 的模块和服务进行处理。

● 界面使用 HTML 实现，交互使用 TS 实现，禁止使用零碎的 TS 片段，必须写在 xxx.ts 中。

● 异步处理方式使用 AJAX 技术实现，数据以 JSON 格式传输，提示或者判断类型的数据必须采用有意义的英文单词进行描述，不可采用数字（1，2，3，4，5 等）作为处理结果的返回值。

● 为了保证系统的可维护性，开发过程必须按照开发要求进行开发工作。

● 样式单独分离出来，形成 CSS 文件，不可在 HTML 页面内直接写样式。

2. 原生态开发

● 使用 Angular+Ionic 框架，进行环境搭建。

● 项目事务处理使用 Angular 的模块和服务进行处理。

● 项目事务处理使用 Angular 的模块和服务进行处理。

3.4.2　首页模块描述

首页模块主要包含社区居民的日常需求、智慧管家、业主自治、友邻社交几个基本功能。

首页模块操作流程：用户点击"智慧管家"进入包含咨询建议、物业缴费、快递代寄、投诉表扬、维修服务、访客通行模块的界面,点相应的模块可以填写信息,填写完成跳转到首页界面;点击"业主自治"进入包含公示公告、红黑榜模块的页面;点击"友邻社交"进入包含爱分享、工作室模块的界面。首页模块数据流程图如图3-4所示。

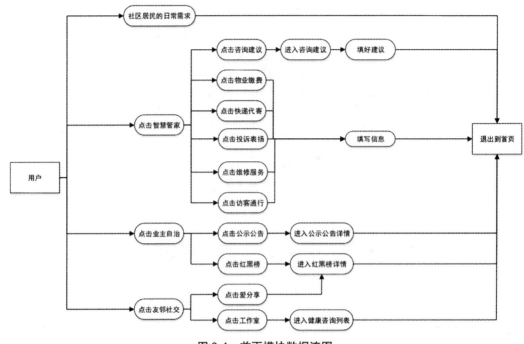

图3-4　首页模块数据流图

首页模块性能描述如表3-4所示。

表3-4　首页模块性能描述

名称	描述
模块描述	用户登录后页面
功能	此模块是进入 APP 的入口
性能	1s 至 3s 内操作生效
输入项	用户点击"智慧管家"、"业主自治"、"友邻社交"
输出项	咨询建议、物业缴费、快递代寄、投诉表扬、维修服务、访客通行、公示公告、红黑榜、爱分享、工作室页面
输出方法	页面跳转显示
限制条件	无

根据输入和输出的内容,得到的界面如图3-5所示。

图 3-5　首页模块界面效果图

1. 社区居民的日常需求

社区居民的日常需求模块操作流程:用户点击"送水"进入相应服务,添加商品到购物车,生成订单页面,选择支付方式支付订单;点击"缴费",跳到物业缴费页面,填写缴费事项,点击"缴费"按钮进行缴费;点击"建议"、"快递代寄"、"维修",跳到相应页面,填写信息,点击"填好了"进行提交。社区居民的日常需求模块数据流程图如图 3-6 所示。

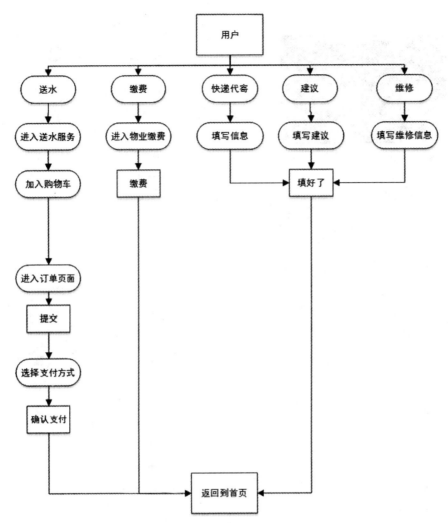

图 3-6　社区居民的日常需求模块数据流程图

社区居民的日常需求模块性能描述如表 3-5 所示。

表 3-5　社区居民的日常需求模块性能描述

名称	描述
模块描述	满足居民日常需求
功能	提供居民需要的日常服务
性能	1s 至 3s 内操作生效
输入项	用户点击"送水"、"缴费"、"建议"、"快递代寄"、"维修"
输出项	送水、缴费、建议、快递代寄、维修服务订单
输出方法	页面跳转显示
限制条件	无

根据输入和输出的内容,得到的界面如图 3-7 所示:

图 3-7　社区居民的日常需求模块界面图

2. 智慧管家模块

智慧管家模块操作流程:用户点击"智慧管家里"的"咨询建议""物业缴费""快递代寄""投诉表扬""维修服务""访客通行"可以填写相应信息,点击"填好了"跳转到首页。智慧管家模块数据流程图如图 3-8 所示。

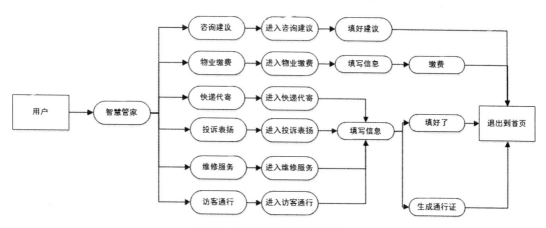

图 3-8　智慧管家模块数据流程图

智慧管家模块性能描述如表 3-6 所示。

表 3-6　智慧管家模块性能描述

名称	描述
模块描述	满足居民日常需求
功能	居民生活智能
性能	1s 至 3s 内操作生效
输入项	用户点击"智慧管家"
输出项	咨询建议、物业缴费、快递代寄、投诉表扬、维修服务、访客通行页面
输出方法	页面跳转显示
限制条件	无

根据输入和输出的内容，得到的界面如图 3-9 所示。

图 3-9　智慧管家模块效果图

3. 业主自治模块

业主自治模块操作流程：用户点击"业主自治"，进入包含公示公告、红黑榜模块的界面。公示公告能查看给业主发布的信息，红黑榜界面居民可以进行点赞和评论。业主自治模块数据流程图如图 3-10 所示。

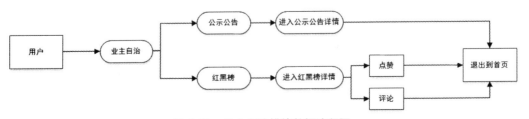

图 3-10　业主自治模块数据流程图

业主自治模块性能描述如表 3-7 所示。

表 3-7　业主自治模块性能描述

名称	描述
模块描述	对事件公布以及居民日常交流
功能	查看公布的事件并提供交流功能
性能	1s 至 3s 内操作生效
输入项	用户点击"业主自治"
输出项	公示公告、红黑榜页面
输出方法	页面跳转显示
限制条件	无

根据输入和输出的内容,得到的界面如图 3-11 所示。

图 3-11　业主自治模块效果图

4. 友邻社交模块

友邻社交模块操作流程:用户点击"友邻社交"进入包含爱分享、工作室模块的界面。爱分享能查看居民发布的信息,并有点赞、评论功能;工作室居民可以关注自己喜欢的健康咨询专家。友邻社交模块数据流程图如图 3-12 所示。

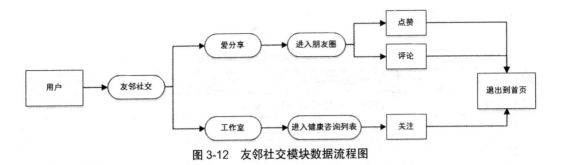

图 3-12　友邻社交模块数据流程图

友邻社交模块性能描述如表 3-8 所示。

表 3-8　友邻社交模块性能描述

名称	描述
模块描述	用户交友
功能	提供点赞、评论、关注功能
性能	1s 至 3s 内操作生效
输入项	用户点击"友邻社交"
输出项	爱分享、工作室界面,用户可以交友
输出方法	页面跳转显示
限制条件	无

根据输入项和输出项的内容,得到的界面如图 3-13 所示:

图 3-13　工作室效果图

说明：此处重点介绍首页模块的详细设计，其他模块的项目设计模板及效果参见附录。

3.5　包图和类图

3.5.1　混合开发

在使用 Angular+Ionic 开发过程中，项目结构及含义如图 3-14 所示。

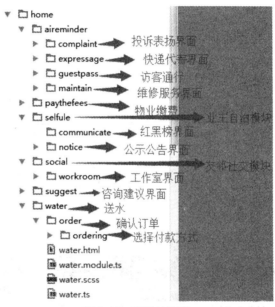

图 3-14　项目结构图

3.5.2　原生态开发

1. 包图

包图如图 3-15 所示。

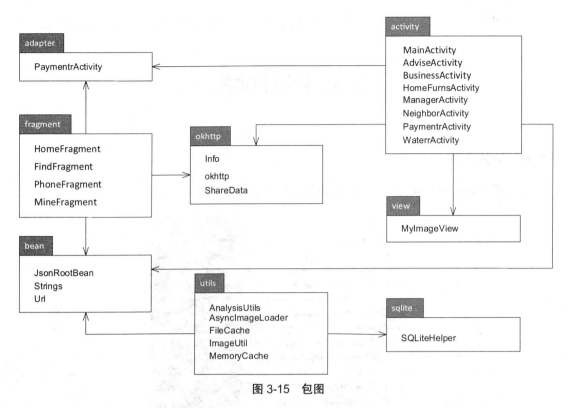

图 3-15　包图

2. 类图

类图如图 3-16 所示。

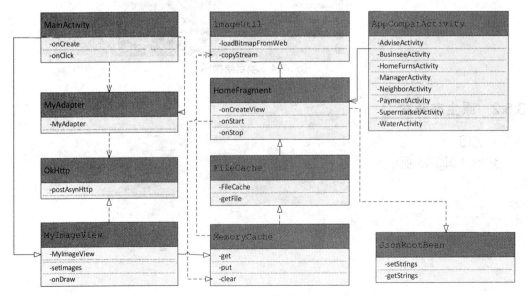

图 3-16　类图

【轻松一刻】

1. 场景一

王嫂买了个家用健身器,可没几天,新鲜劲一过,健身器就被晾在一边。一天,家里来了客人,王嫂的小女儿带着客人参观房子,她指着那个健身器说:"那是我妈妈的运动器材。大家都不准碰它。"客人问:"你为什么这么说啊?"小女儿一本正经地说:"连我妈自己都不碰它。"

2. 场景二

一个胖子在体检后央求医生:"医生,我不想减肥了,我实在无法忍受那么多节食的规矩。" 医生答道:"没问题,我建议你买一台健身器。"病人问:"太好。什么健身器呀?"医生笑答:"牵引器。按你的体重标准,你应该再增高 20 厘米。"

研究并使用建模工具完成本模块数据流图的绘制以及制定命名方案,完成本模块的学习后填写并提交智慧社区详细设计说明书(参见附录 3)。

智慧社区详细设计		
项目名称		
应用模块及子模块功能划分		
界面效果		
数据流图		
数据描述		
命名规范设计	包的命名规范	
	类与接口的命名规范	
	变量的命名规范	
	常量的命名规范	

模块四　数据库设计

本模块主要介绍如何根据概念模型和关系模型进行智慧社区的数据库设计。通过本模块内容的学习，理解和掌握数据库设计的基本流程和注意事项。

- 熟悉数据库概念模型设计的含义。
- 掌握数据库设计的流程。
- 熟悉智慧社区所需的数据库物理数据模型。
- 掌握智慧社区客户端所需数据表之间的联系。

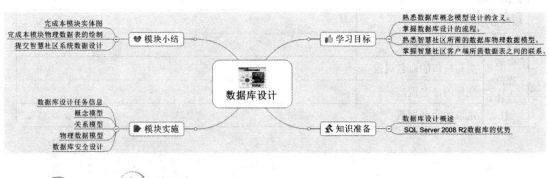

数据交互在智慧社区中是必不可少的，信息发布、人员管理过程中产生的数据都存储在数据库中。因此，在开发项目之前需要设计数据库及相关的内容，这对于项目开发至关重要。

数据库设计概述

数据库设计（Database Design）是在指定的应用环境中建立数据库及其应用系统。设计者设计出最优化的数据库模式，以满足应用环境所需要的各种需求。数据库设计作为开发软件或系统时最重要、最复杂的一步，往往要耗费整个开发周期的 45% 以上。数据库设计不只是简单地设计页面所需要的字段和数据,设计者还需要设计系统运转、模块交互、中转数据、表之间的联系等所需要的字段。因此,数据库类型的选择也显得尤为重要。

 **SQL Server 2008 R2 数据库的优势**

智慧社区选择使用 SQL Server 数据库管理各种数据信息,对数据信息进行分类保存。SQL Server 是一种应用广泛的数据库管理系统,能够为不同的商业环境提供不同类型的数据库解决方案。它具有许多显著的优点:易用性、数据库操作简单、与其他许多的服务器软件紧密关联的集成性以及良好的性价比等。

4.1 数据库设计任务信息

任务编号 SFCMS-04-01,见表 4-1、表 4-2。

表 4-1 基本信息

任务名称	数据库设计				
任务编号	SFCMS-04-01	版本	1.0	任务状态	
计划开始时间		计划完成时间		计划用时	
负责人		作者		审核人	
工作产品	【 】文档 【 】图表 【 】测试用例 【 】代码 【 】可执行文件				

表 4-2 角色分工

岗位	系统分析	系统设计	系统页面实现	系统逻辑编程	系统测试
负责人					

4.2 概念模型

数据库概念模型设计是定义用户最终的数据需求和将元素以逻辑单位分组的过程。概念模型设计应独立于最终的物理实现,其目的是便于用户掌握其数据的组织结构以及更加全面地设计物理数据库。概念模型设计常用的方法是实体关系方法。实体关系方法是研究模块内需要什么实体以及实体间的联系方式,并画出 E-R 图 (Entity Relationship Diagram)。利用实体关系方法,可以建立满足用户需要的概念模型。

根据智慧社区各模块需求可知,系统需要保存的基本信息如表 4-3 所示。

表 4-3　模块信息表

模块名称	基本信息
首页模块	送水、缴费、维修、建议、智慧管家、业主自治、友邻社交
发现模块	周边商圈、周边工作室、红黑榜
常用电话模块	常用电话
我的模块	我的服务订单、我的互动、我的访客通行、我的快件、我的地址、设置

根据系统需要保存的信息,采用实体关系方法,确定各个实体以及实体之间的关系,可以建立如图 4-1 所示的智慧社区实体概念模型。

图 4-1　智慧社区实体概念模型

4.2.1　首页模块

1. 首页模块实体

首页模块中主要使用了用户信息、商品信息、用户购买信息、用户常用信息、物业收费、用户缴费信息、意见反馈等实体。实体如图 4-2 所示。

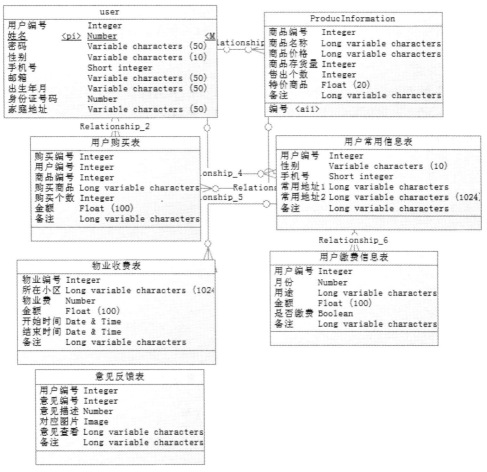

图 4-2　首页模块实体

（1）用户信息

用户信息实体主要包括用户编号、姓名、密码、手机号等信息,用来记录用户的相关信息。

（2）商品信息

商品信息实体主要包括商品编号、商品名称、商品价格、商品存货量、售出个数、是否为特价商品等相关信息。通过对这些信息的展示,让社区居民更好地了解商品的存货量及价格,更方便快捷地为社区居民服务。

（3）用户购买信息

用户购买信息实体主要包括购买商品、购买个数、金额、备注等信息。在智慧社区客户端,社区居民可以对商品进行购买,还可以查看到自己的一些缴费信息,比如物业管理费是否和之前一样,自己有没有及时上交。

（4）用户常用信息

用户常用信息包括社区居民的手机号和地址，方便物业对社区居民上门服务，也方便接收购买的商品。

（5）物业收费

社区居民可以通过智慧社区 APP 查看所在小区是否有物业费。

（6）用户缴费信息

用户缴费信息实体主要包括月份、用途、金额、备注等信息。社区居民根据这些信息选择是否缴费。

（7）意见反馈

意见反馈实体主要包括社区居民的一些建议和意见，并对提交的信息通过图片的方式加以验证，还可以查看社区居委会是否及时看到此信息并做出反馈。

2. 首页模块 E-R 图

由首页模块实体和实体关系可以分析出本模块的 E-R 图，其中矩形框代表实体，椭圆代表实体的属性。如图 4-3 所示。

图 4-3　首页模块 E-R 图

由用户信息实体和实体关系可以分析出用户信息的 E-R 图，其中矩形框代表实体，椭圆代表实体的属性。如图 4-4 所示。

图 4-4　用户信息 E-R 图

由商品信息实体和实体关系可以分析出商品信息的 E-R 图,其中矩形框代表实体,椭圆代表实体的属性。如图 4-5 所示。

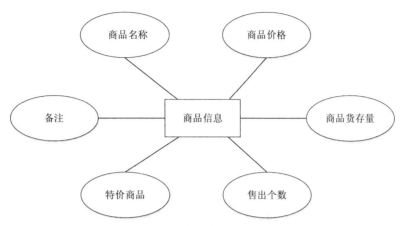

图 4-5 商品信息 E-R 图

由用户购买信息实体和实体关系可以分析出用户购买信息的 E-R 图,其中矩形框代表实体,椭圆代表实体的属性。如图 4-6 所示。

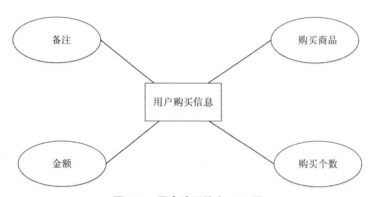

图 4-6 用户购买信息 E-R 图

由用户常用信息实体和实体关系可以分析出用户常用信息的 E-R 图,其中矩形框代表实体,椭圆代表实体的属性。如图 4-7 所示。

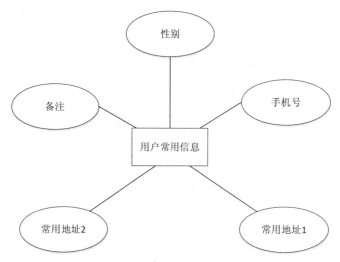

图 4-7　用户常用信息 E-R 图

　　由物业收费实体和实体关系可以分析出物业收费的 E-R 图,其中矩形框代表实体,椭圆代表实体的属性。如图 4-8 所示。

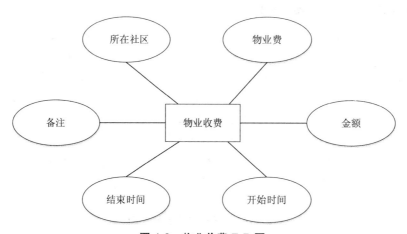

图 4-8　物业收费 E-R 图

　　由用户缴费信息实体和实体关系可以分析出用户缴费信息的 E-R 图,其中矩形框代表实体,椭圆代表实体的属性。如图 4-9 所示。

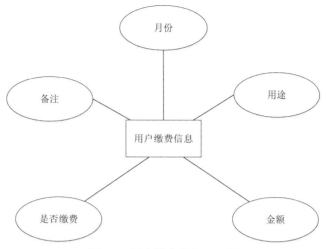

图 4-9 用户缴费信息 E-R 图

由意见反馈实体和实体关系可以分析出意见反馈的 E-R 图,其中矩形框代表实体,椭圆代表实体的属性。如图 4-10 所示。

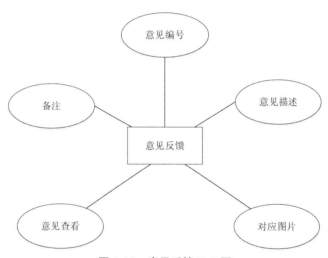

图 4-10 意见反馈 E-R 图

4.2.2 发现模块

1. 发现模块实体

发现模块中主要使用了商圈信息、工作室信息、状态信息等实体。实体如图 4-11 所示。

商圈表	
商圈编号	Integer
商圈名称	Long variable characters (1024)
商圈地址	Long variable characters
商圈图像	Long variable characters
商圈简介	Long variable characters
商圈星级	Long variable characters
人均消费	Long variable characters
排名	Long variable characters

工作室表	
工作室编号	int
工作室名称	Long variable characters
工作室地址	Long variable characters
职位	Long variable characters
简介	Long variable characters
粉丝个数	Long variable characters
主页业务	Long variable characters
备注	Long variable characters

状态表	
状态编号	Integer
发表内容	Long variable characters
发表时间	Long variable characters
发表地点	Long variable characters
评论人数	Long variable characters
点赞人数	Long variable characters
是否置顶	Long variable characters
备注	

图 4-11 发现模块实体

（1）商圈信息

商圈信息实体主要包括商场的名称、地址、图像、简介等信息。通过这些信息,方便社区居民生活消费。

（2）工作室信息

工作室信息实体主要包括了工作室的名称、地址、职位、简介等信息,使社区居民对周围工作室有一定的了解。

（3）状态信息

状态信息实体主要包括社区用户发表的内容、时间、地点、评论人数等信息,促进了社区的交流。

2. 发现模块 E-R 图

由发现模块实体和实体关系可以分析出本模块的 E-R 图,其中矩形框代表实体,椭圆代表实体的属性,如图 4-12 所示。

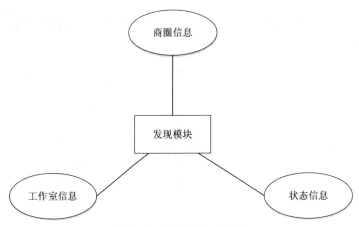

图 4-12　发现模块 E-R 图

由商圈信息实体和实体关系可以分析出商圈信息的 E-R 图,其中矩形框代表实体,椭圆代表实体的属性,如图 4-13 所示。

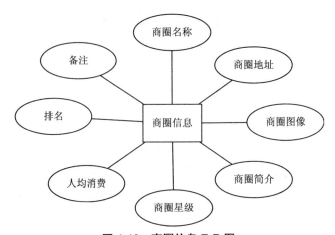

图 4-13　商圈信息 E-R 图

由工作室信息实体和实体关系可以分析出工作室信息的 E-R 图,其中矩形框代表实体,椭圆代表实体的属性,如图 4-14 所示。

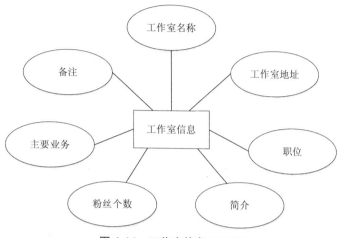

图 4-14　工作室信息 E-R 图

由状态信息实体和实体关系可以分析出状态信息的 E-R 图,其中矩形框代表实体,椭圆代表实体的属性,如图 4-15 所示。

图 4-15　状态信息 E-R 图

4.2.3　常用电话模块

1. 常用电话模块实体

常用电话模块中主要使用了紧急电话信息等实体。实体如图 4-16 所示。

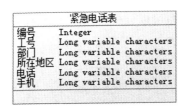

图 4-16　常用电话模块实体

紧急电话实体主要包括工号、部门、所在地区、电话、手机等信息,可以方便社区用户快速查找一些生活上的常用电话。

2. 常用电话模块 E-R 图

由常用电话实体和实体关系可以分析出本模块的 E-R 图,其中矩形框代表实体,椭圆代表实体的属性,如图 4-17 所示。

图 4-17　常用电话模块 E-R 图

由紧急电话信息实体和实体关系可以分析出紧急电话信息的 E-R 图,其中矩形框代表实体,椭圆代表实体的属性,如图 4-18 所示。

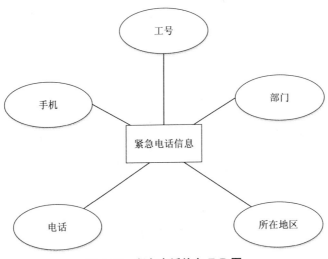

图 4-18　紧急电话信息 E-R 图

4.2.4　我的模块

1. 我的模块实体

我的模块中主要使用了订单信息、互动信息、访客通行信息、快件信息等实体。实体如图 4-19 所示。

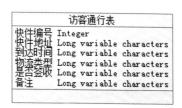

图 4-19　我的模块实体

（1）订单信息

订单信息实体主要包括订单类别、详情、时间、金额等信息,是社区用户的消费记录。社区居民可以根据订单信息查询消费情况。

（2）互动信息

互动信息实体主要包括互动事件、时间、备注等信息,用来记录社区居民的意见反馈等信息。

（3）访客通行信息

访客通行信息实体主要包括访客姓名、性别、是否驾车、车牌号、到访时间、离开时间等信息,提高了社区的安全性。

（4）快件信息

快件信息实体主要包括快件编号、地址、到达时间、物流类型、是否签收等信息。在商品信息购买的物件以快件的方式进行交易,商家需要给社区用户提供快件的信息。

2. 我的模块 E-R 图

由我的模块实体和实体关系可以分析出本模块的 E-R 图,其中矩形框代表实体,椭圆代表实体的属性,如图 4-20 所示。

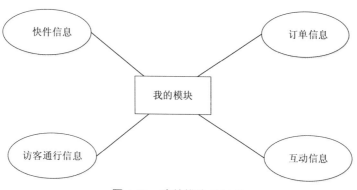

图 4-20　我的模块 E-R 图

　　由订单信息实体和实体关系可以分析出订单信息的 E-R 图,其中矩形框代表实体,椭圆代表实体的属性,如图 4-21 所示。

图 4-21　订单信息 E-R 图

　　由互动信息实体和实体关系可以分析出互动信息的 E-R 图,其中矩形框代表实体,椭圆代表实体的属性,如图 4-22 所示。

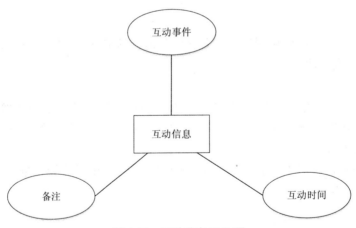

图 4-22　互动信息 E-R 图

　　由访客通行信息实体和实体关系可以分析出访客通行信息的 E-R 图,其中矩形框代表实体,椭圆代表实体的属性,如图 4-23 所示。

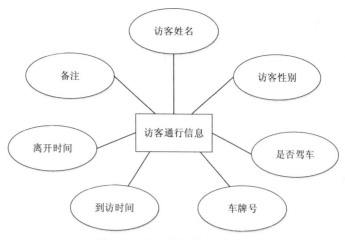

图 4-23　访客通行信息 E-R 图

　　由快件信息实体和实体关系可以分析出快件信息的 E-R 图,其中矩形框代表实体,椭圆代表实体的属性,如图 4-24 所示。

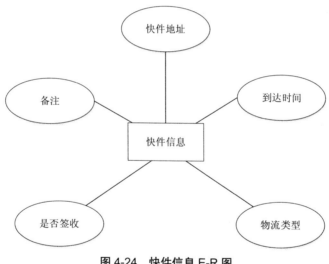

图 4-24　快件信息 E-R 图

4.3　关系模型

4.3.1　首页模块

首页模块关系模型

　　根据首页模块 E-R 图,可以分析出实体中的主键以及外键关系,从而画出本模块表的关系模型。(注:下划线标注部分为主键)

- 用户表（<u>用户编号</u>、姓名、密码、性别、手机号、邮箱、出生年月、身份证号码、家庭住址）。
- 商品信息表（<u>商品编号</u>、商品名称、商品价格、商品货存量、售出个数、特价商品、备注）。
- 用户购买表（<u>购买编号</u>、用户编号、商品编号、购买商品、购买个数、金额、备注）。
- 用户常用信息表（<u>用户编号</u>、性别、手机号、常用地址1、常用地址2、备注）。
- 物业收费表（<u>物业编号</u>、所在社区、物业费、金额、开始时间、结束时间、备注）。
- 用户缴费信息表（<u>用户编号</u>、月份、用途、金额、是否缴费、备注）。
- 意见反馈表（<u>用户编号</u>、意见编号、意见描述、对应图片、意见查看、备注）。

4.3.2　发现模块

发现模块关系模型

根据发现模块 E-R 图，可以分析出实体中的主键以及外键关系，从而画出本模块表的关系模型。（注：下划线标注部分为主键）

- 商圈表（<u>商圈编号</u>、商圈名称、商圈地址、商圈图像、商圈简介、商圈星级、人均消费、排名、备注）。
  - 工作室表（<u>工作室编号</u>、工作室名称、工作室地址、职位、简介、粉丝个数、主要业务、备注）。
  - 状态表（<u>状态编号</u>、发表内容、发表时间、发表地点、评论人数、点赞人数、是否置顶、备注）。

4.3.3　常用电话管理模块

常用电话模块关系模型

根据常用电话模块 E-R 图，可以分析出实体中的主键以及外键关系，从而画出本模块表的关系模型。（注：下划线标注部分为主键）

- 紧急电话表（<u>编号</u>、工号、部门、所在地区、电话、手机）。

4.3.4　我的模块

我的模块关系模型

根据我的模块 E-R 图，可以分析出实体中的主键以及外键关系，从而画出本模块表的关系模型。（注：下划线标注部分为主键）

- 订单表（<u>订单编号</u>、订单类别、订单详情、订单时间、订单金额、备注）。
- 互动表（<u>互动编号</u>、互动事件、互动时间、备注）。
- 访客通行表（<u>访客编号</u>、访客姓名、访客性别、是否驾车、车牌号、到访时间、离开时间、备注）。
- 快件表（<u>快件编号</u>、快件地址、到达时间、物流类型、是否签收、备注）。

4.4　物理数据模型

数据库的概念模型和关系模型确定之后，下一步需要进行数据库物理数据模型的建立。

就是说要对实体之间的具体联系进行模型化的处置,转换为对应的物理数据模型。每一个实体对应一个物理数据库表结构,对应情况及结构如表 4-4 所示。

表 4-4 物理数据模型结构

实体模型	物理模型名称
用户表	user
商品信息表	producInformation
用户购买表	userPurchase Form
用户常用信息表	oftenInfor
物业收费表	propertyCharges
用户缴费信息表	paymentInformation
意见反馈表	customerFeedback Table
商圈表	businessCircle
工作室表	studio
状态表	state
紧急电话表	emergencyCall
订单表	order
互动表	interaction
访客通行表	guestPass
快件表	fastReight

4.4.1 首页模块

首页模块数据表包括用户表、商品信息表、用户购买表、用户常用信息表、物业收费表、用户缴费信息表、意见反馈表、快递代寄表、维修表。

1. 用户表

用户表由用户信息实体转换而来,并结合关系模型,创建表名为 user 的物理数据表。表结构如表 4-5 所示。

表 4-5 user(用户表)

序号	列名	数据类型	数据来源	是否为空	是否主键	备注
1	userID	int	管理员输入	否	是	用户编号
2	username	nvarchar(50)	管理员输入	是	否	姓名
3	password	nvarchar(50)	管理员输入	是	否	密码
4	sex	nvarchar(50)	管理员输入	是	否	性别
5	telephone	nvarchar(50)	管理员输入	是	否	手机号码

续表

序号	列名	数据类型	数据来源	是否为空	是否主键	备注
6	email	nvarchar(50)	管理员输入	是	否	邮箱
7	date	datetime	管理员输入	是	否	出生年月
8	IDcard	nvarchar(50)	管理员输入	是	否	身份证号码
9	homeAdress	nvarchar(50)	管理员输入	是	否	家庭地址

2. 商品信息表

商品信息表由商品信息实体转换而来,并结合关系模型,创建表名为 producInformation 的物理数据表。表结构如表 4-6 所示。

表 4-6　producInformation(商品信息表)

序号	列名	数据类型	数据来源	是否为空	是否主键	备注
1	productID	int	管理员输入	否	是	商品编号
2	productName	nvarchar(50)	管理员输入	是	否	商品名称
3	productPrice	nvarchar(50)	管理员输入	是	否	商品价格
4	inventory	nvarchar(50)	管理员输入	是	否	商品存货量
5	numberSold	nvarchar(50)	管理员输入	是	否	售出个数
6	bargainGoods	nvarchar(50)	管理员输入	是	否	特价商品
7	remark	nvarchar(50)	管理员输入	是	否	备注

3. 用户购买表

用户购买表由用户购买信息实体转换而来,并结合关系模型,创建表名为 userPurchaseForm 的物理数据表。表结构如表 4-7 所示。

表 4-7　userPurchaseForm(用户购买表)

序号	列名	数据类型	数据来源	是否为空	是否主键	备注
1	serialID	int	管理员输入	否	是	购买编号
2	userID	int	管理员输入	否	·是	用户编号
3	ProductID	int	管理员输入	否	是	商品编号
4	buyGoods	nvarchar(50)	管理员输入	是	否	购买商品
5	buyNumber	nvarchar(50)	管理员输入	是	否	够买个数
6	price	nvarchar(50)	管理员输入	是	否	金额
7	remark	nvarchar(50)	管理员输入	是	否	备注

4. 用户常用信息表

用户常用信息表由用户常用信息实体转换而来,并结合关系模型,创建表名为 oftenInfor

的物理数据表。表结构如表 4-8 所示。

表 4-8　oftenInfor(用户常用信息表)

序号	名称	数据类型	数据来源	是否为空	是否主键	备注
1	userID	int	管理员输入	否	是	用户编号
2	sex	nvarchar(50)	管理员输入	是	否	性别
3	telephone	nvarchar(50)	管理员输入	是	否	手机号
4	oftenAddress	nvarchar(50)	管理员输入	是	否	常用地址 1
5	oftenAddress2	nvarchar(50)	管理员输入	是	否	常用地址 2
6	remark	nvarchar(50)	管理员输入	是	否	备注

5. 物业收费表

物业收费表由物业收费实体转换而来,并结合关系模型,创建表名为 propertyCharges 的物理数据表。表结构如表 4-9 所示。

表 4-9　propertyCharges(物业收费表)

序号	列名	数据类型	数据来源	是否为空	是否主键	备注
1	PropertyID	int	管理员输入	否	是	物业编号
2	residentialArea	nvarchar(50)	管理员输入	是	否	所在小区
3	propertyFee	nvarchar(50)	管理员输入	是	否	物业费
4	price	nvarchar(50)	管理员输入	是	否	金额
5	startTime	datetime	管理员输入	是	否	开始时间
6	endTime	datetime	管理员输入	是	否	结束时间
7	remark	nvarchar(MAX)	管理员输入	是	否	备注

6. 用户缴费信息表

用户缴费信息表由用户缴费信息实体转换而来,并结合关系模型,创建表名为 paymentInformation 的物理数据表,表结构如表 4-10 所示。

表 4-10　paymentInformation(用户缴费信息表)

序号	列名	数据类型	数据来源	是否为空	是否主键	备注
1	userID	int	管理员输入	否	是	用户编号
2	year	datetime	管理员输入	是	否	月份
3	purpose	nvarchar(50)	管理员输入	是	否	用途
4	price	nvarchar(50)	管理员输入	是	否	金额
5	payCost	nvarchar(50)	管理员输入	是	否	是否缴费
6	remark	nvarchar(50)	管理员输入	是	否	备注

7. 意见反馈表

意见反馈表由意见反馈实体转换而来,并结合关系模型,创建表名为 customerFeedbackTable 的物理数据表。表结构如表 4-11 所示。

表 4-11　customerFeedbackTable(意见反馈表)

序号	列名	数据类型	数据来源	是否为空	是否主键	备注
1	userID	int	管理员输入	否	是	用户编号
2	opinionNumber	nvarchar(50)	管理员输入	是	否	意见编号
3	opinionsDescribe	nvarchar(50)	管理员输入	是	否	意见描述
4	picture	nvarchar(50)	管理员输入	是	否	对应图片
5	Advice	nvarchar(50)	管理员输入	是	否	意见查看
6	remark	nvarchar(50)	管理员输入	是	否	备注

8. 快递代寄表

快递代寄表由快递代寄实体转换而来,并结合关系模型,创建表名为 expressdelivery 的物理数据表。表结构如表 4-12 所示。

表 4-12　expressdelivery(快递代寄表)

序号	列名	数据类型	数据来源	是否为空	是否主键	备注
1	userID	int	管理员输入	否	是	用户编号
2	ID	nvarchar(50)	管理员输入	是	否	快递编号
3	homeAdress	nvarchar(50)	管理员输入	是	否	用户地址
4	telephone	nvarchar(50)	管理员输入	是	否	用户手机号
5	username	nvarchar(50)	管理员输入	是	否	用户姓名
6	company	nvarchar(50)	管理员输入	是	否	快速公司
7	picture	nvarchar(50)	管理员输入	是	否	对应图片
8	remark	nvarchar(50)	管理员输入	是	否	备注

9. 维修表

维修表由维修实体转换而来,并结合关系模型,创建表名为 repair 的物理数据表。表结构如表 4-13 所示。

表 4-13　repair(维修表)

序号	列名	数据类型	数据来源	是否为空	是否主键	备注
1	userID	int	管理员输入	否	是	用户编号
2	repairnumber	nvarchar(50)	管理员输入	是	否	维修编号
3	homeAdress	nvarchar(50)	管理员输入	是	否	用户地址

序号	列名	数据类型	数据来源	是否为空	是否主键	备注
4	telephone	nvarchar(50)	管理员输入	是	否	用户手机号
5	username	nvarchar(50)	管理员输入	是	否	用户姓名
6	repairassortment	nvarchar(50)	管理员输入	是	否	维修类别
7	picture	nvarchar(50)	管理员输入	是	否	对应图片
8	remark	nvarchar(50)	管理员输入	是	否	备注

4.4.2　发现模块

发现模块数据表包括商圈表、工作室表、状态表。

1. 商圈表

商圈表由商圈信息实体转换而来，并结合关系模型，创建表名为 businessCircle 的物理数据表。表结构如表 4-14 所示。

表 4-14　businessCircle(商圈表)

序号	列名	数据类型	数据来源	是否为空	是否主键	备注
1	businessID	int	管理员输入	否	是	商圈编号
2	businessName	nvarchar(50)	管理员输入	是	否	商圈名称
3	businessAddress	nvarchar(50)	管理员输入	是	否	商圈地址
4	businessImage	nvarchar(50)	管理员输入	是	否	商圈图像
5	businessProfile	nvarchar(50)	管理员输入	是	否	商圈简介
6	WhichStar	nvarchar(50)	管理员输入	是	否	商圈星级
7	consumptionPerPerson	nvarchar(50)	管理员输入	是	否	人均消费
8	ranking	nvarchar(50)	管理员输入	是	否	排名

2. 工作室表

工作室表由工作室信息实体转换而来，并结合关系模型，创建表名为 studio 的物理数据表。表结构如表 4-15 所示。

表 4-15　studio(工作室表)

序号	列名	数据类型	数据来源	是否为空	是否主键	备注
1	studioID	int	管理员输入	否	是	工作室编号
2	studioName	nvarchar(50)	管理员输入	是	否	工作室名称
3	studioAddress	nvarchar(50)	管理员输入	是	否	工作室地址
4	position	nvarchar(50)	管理员输入	是	否	职位
5	intro	nvarchar(50)	管理员输入	是	否	简介

序号	列名	数据类型	数据来源	是否为空	是否主键	备注
6	numberFans	nvarchar(50)	管理员输入	是	否	粉丝个数
7	homeBusiness	nvarchar(50)	管理员输入	是	否	主页业务
8	remark	nvarchar(50)	管理员输入	是	否	备注

3. 状态表

状态表由状态信息实体转换而来,并结合关系模型,创建表名为 state 的物理数据表。表结构如表 4-16 所示。

表 4-16　state(状态表)

序号	列名	数据类型	数据来源	是否为空	是否主键	备注
1	statusID	int	管理员输入	否	是	状态编号
2	publishContent	nvarchar(50)	管理员输入	是	否	发表内容
3	publishedTime	datetime	管理员输入	是	否	发表时间
4	publishedAdress	nvarchar(50)	管理员输入	是	否	发表地点
5	commentNumber	nvarchar(50)	管理员输入	是	否	评论人数
6	numberThumb	nvarchar(50)	管理员输入	是	否	点赞人数
7	placedTop	nvarchar(50)	管理员输入	是	否	是否置顶
8	remark	nvarchar(50)	管理员输入	是	否	备注

4.4.3　常用电话模块

常用电话数据表包括紧急电话表。

紧急电话表由紧急电话信息实体转换而来,并结合关系模型,创建表名为 emergencyCall 的物理数据表。表结构如表 4-17 所示。

表 4-17　emergencyCall(紧急电话表)

序号	列名	数据类型	数据来源	是否为空	是否主键	备注
1	ID	int	管理员输入	否	是	编号
2	jobID	nvarchar(50)	管理员输入	是	否	工号
3	department	nvarchar(50)	管理员输入	是	否	部门
4	area	nvarchar(50)	管理员输入	是	否	所在地区
5	telephone	nvarchar(50)	管理员输入	是	否	电话
6	mobilePhone	nvarchar(50)	管理员输入	是	否	手机

4.4.4　我的模块

1. 订单表

订单表由订单信息实体转换而来,并结合关系模型,创建表名为 order 的物理数据表。表结构如表 4-18 所示。

表 4-18　order(订单表)

序号	列名	数据类型	数据来源	是否为空	是否主键	备注
1	orderID	int	管理员输入	否	是	订单编号
2	orderType	nvarchar(50)	管理员输入	是	否	订单类别
3	orderDetail	nvarchar(50)	管理员输入	是	否	订单详情
4	orderTime	datetime	管理员输入	是	否	订单时间
5	orderAmount	nvarchar(50)	管理员输入	是	否	订单金额
6	remark	nvarchar(50)	管理员输入	是	否	备注

2. 互动表

互动表由互动信息实体转换而来,并结合关系模型,创建表名为 interaction 的物理数据表。表结构如表 4-19 所示。

表 4-19　interaction(互动表)

序号	列名	数据类型	数据来源	是否为空	是否主键	备注
1	InteractiveID	int	管理员输入	否	是	互动编号
2	interactiveEvent	nvarchar(50)	管理员输入	是	否	互动事件
3	interactiveTime	datetime	管理员输入	是	否	互动时间
4	remark	nvarchar(50)	管理员输入	是	否	备注

3. 访客通行表

访客通行表由访客通行信息实体转换而来,并结合关系模型,创建表名为 guestPass 的物理数据表。表结构如表 4-20 所示。

表 4-20　guestPass(访客通行表)

序号	列名	数据类型	数据来源	是否为空	是否主键	备注
1	visitorID	int	管理员输入	否	是	访客编号
2	visitorName	nvarchar(50)	管理员输入	是	否	访客姓名
3	visitorsGender	nvarchar(50)	管理员输入	是	否	访客性别
4	whetherDriving	nvarchar(50)	管理员输入	是	否	是否驾车
5	licensePlateNumber	nvarchar(50)	管理员输入	是	否	车牌号
6	visitingTime	datetime	管理员输入	是	否	到访时间

序号	列名	数据类型	数据来源	是否为空	是否主键	备注
7	departureTime	datetime	管理员输入	是	否	离开时间
8	remark	nvarchar(50)	管理员输入	是	否	备注

4. 快件表

快件表由快件信息实体转换而来,并结合关系模型,创建表名为 fastReight 的物理数据表。表结构如表 4-21 所示。

表 4-21　fastReight(快件表)

序号	列名	数据类型	数据来源	是否为空	是否主键	备注
1	expressID	int	管理员输入	否	是	快件编号
2	expressAddress	nvarchar(50)	管理员输入	是	否	快件地址
3	arrivalTime	datetime	管理员输入	是	否	到达时间
4	logisticsTypes	nvarchar(50)	管理员输入	是	否	物流类型
5	whetherSign	nvarchar(50)	管理员输入	是	否	是否签收
6	remark	nvarchar(50)	管理员输入	是	否	备注

4.5　数据库安全设计

4.5.1　SQL Server 安全机制

为了实现数据的安全性,SQL Server 通过检查口令、审核用户权限等手段来保护数据库中的数据。在 SQL Server 2008 R2 中,数据库的安全性分为四个层次来实现。

1. 操作系统

用户要想进入数据库系统,首先必须是操作系统下的合法用户。只有操作系统的合法用户,才能进入相应的操作系统,进而才能连接 SQL Server。

2.SQL Server

要想连接 SQL Server,必须进行身份验证。SQL Server 系统提供两种认证模式,一种是 Windows 认证模式,该模式只要将 Windows 账户加入到 SQL Server,登录 SQL Server 时就不再进行身份验证;另一种是 SQL Server 认证模式,该模式要求用户必须具有 SQL Server 登录账户,只有通过 SQL Server 身份验证,才能连接 SQL Server。

3.SQL Server 数据库

连接 SQL Server 以后,如果用户要想访问 SQL Server 中的某个数据库,必须在这个数据库中具有用户账户,否则将无法登录该数据库。通常,可以将 SQL Server 登录账户直接映射成数据库用户账户,这样就可以在登录 SQL Server 后直接进入数据库。

4. 数据库对象

用户登录到数据库后,如果需要操作数据库中的对象,则必须设置数据库中的用户账户具有操作相应对象的权限。如果一组用户需要相同的权限,可以在数据库中定义数据库角色,给角色赋予权限,然后将这些用户设置为这个角色的成员,从而使用户获得角色的权限。使用数据库角色可以对用户权限进行统一管理,而不必去给每个用户分配权限。

4.5.2　MD5 加密

在本系统的编码过程中,将对一些重要数据进行 MD5(Message-Digest Algorithm 5)加密。例如:用户的登录密码使这些数据将以字符串的形式在数据库里进行显示,提高系统的安全性,MD5 加密具有以下特点。

- 压缩性:任意长度的数据算出的 MD5 值长度都是相同的。
- 计算简单:根据原数据很容易推算出它的 MD5 值。
- 抗修改性:对原数据进行很小的修改,它的 MD5 值都会完全不同。
- 强碰撞性:两个不同的数据,是不可能存在相同的 MD5 值的。

【轻松一刻】

1. 场景一

刹车失灵:

一个物理学家、一个工程师和一个程序员驾驶着一辆汽车行驶在阿尔卑斯山脉上,在下山的时候,忽然,汽车的刹车失灵了。汽车无法控制地向下冲去,眼看前面就是悬崖峭壁,但是很幸运的是在这个悬崖的前面有一些小树让他们的车停了下来,而没有掉下去。三个人惊魂未定地从车里爬出来。

物理学家说:"我觉得我们应该建立一个模型来模拟在下山过程中刹车片在高温情况下失灵的情形"。

工程师说:"我在车的后备箱里放了个扳手,要不我们把车拆开看看到底是什么原因。"

程序员说:"为什么我们不找个相同的车再来一次重现这个问题呢?"

2. 场景二

问路:

有一个驾驶热气球的人发现自己迷路了。他降低了飞行的高度,并认出了地面上的一个人。他继续下降高度并对着那个人大叫:"打扰一下,你能告诉我我在哪吗?"

下面那个人说:"是的。你在热气球里啊,盘旋在 30 英尺的空中。"

热气球上的人说:"你一定是在 IT 部门做技术工作。"

"没错",地面上的人说到,"你是怎么知道的?"

"呵呵",热气球上的人说,"你告诉我的每件事在技术上都是对的,但都没有用"。

地面上的人说:"你一定是管理层的人。"

"没错",热气球上的人说,"可是你是怎么知道的?"

"呵呵",地面上的那人说到,"你不知道你在哪里,你也不知道你要去哪,你总希望我能帮你。你还在我们刚见面的那个地方,但现在却是我错了"。

研究并使用建模工具完成本模块实体图以及物理数据表的绘制。

完成本模块的学习后,填写并提交智慧社区系统数据库设计文档(参见附录4)。

智慧社区系统数据库设计	
项目名称	
数据库选型	
数据库概念结构	
数据库逻辑关系	
数据库物理结构	
数据库安全设计	
数据字典	

模块五　智慧社区首页模块功能实现

本模块主要介绍如何实现智慧社区首页模块功能。通过对该功能的实现,掌握 Ionic 实现界面跳转的知识,具有使用 Ionic 组件实现首页布局的能力,能够结合所学过的知识完成本模块功能的开发。在学习过程中:

- 熟悉首页模块的设计要求和业务流程。
- 具有使用 Ionic 组件实现首页布局的能力。
- 完成首页模块的单元测试任务。
- 提交首页模块开发报告及技术文档。

在智慧社区系统中,为了提高用户体验,吸引更多用户,开发者在首页模块罗列核心业务或服务。

首页模块概述

首页模块是用户进入智慧社区系统的入口,用户浏览首页之后才能操作系统的基本功能。本模块主要介绍智慧社区首页模块的设计与实现,使用前台框架 jQuery 实现前后端数据的传递。

jQuery 框架的概述

　　jQuery 是一个快速、简洁的 JavaScript 框架，它简化了 JavaScript 编程，使页面代码更加简洁，实现了使用更少的代码，实现更多的功能。与其他框架相比，jQuery 的优势体现在方方面面。一方面，它是轻量级框架，具有强大的选择器，出色的 DOM 操作封装，可靠的事件处理机制。另一方面，它拥有详细的文档说明和各种应用讲解，同时还有许多成熟的插件可供选择。

5.1　首页模块任务信息

　　任务编号 SFCMS-05-01，见表 5-1、表 5-2。

表 5-1　基本信息

任务名称	用户登录功能实现				
任务编号	SFCMS-05-01	版本	1.0	任务状态	
计划开始时间		计划完成时间		计划用时	
负责人		作者		审核人	
工作产品	【 】文档【 】图表【 】测试用例【 】代码【 】可执行文件				

表 5-2　角色分工

岗位	系统分析	系统设计	系统页面实现	系统逻辑编程	系统测试
负责人					

5.2　首页模块开发

　　为了更加方便快捷地服务社区居民，满足居民的不同需要，智慧社区 APP 将首页模块分成了五部分和三个模块。其中五部分主要是社区居民的日常需求，比如送水、物业缴费、快递代寄、建议、维修服务。三个模块主要包括智慧管家、业主自治、友邻社交。首页模块用例如图 5-1 所示。

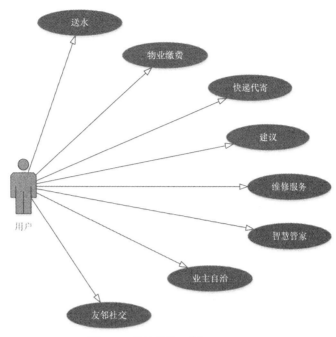

图 5-1　首页模块用例图

5.2.1　首页主界面

1.概要设计

（1）原型设计

首页主要显示智能社区常用的一些功能和帮助。页面设计如图 5-2 所示。

图 5-2　首页模块页面设计图

（2）功能分析

● 功能分组页面描述。

首页模块主要是用户买水、缴费、寄快递并为服务不满意的地方提供一些建议,方便系统的改进,同时为居民提供维修服务。

● 功能分组用例描述。

表 5-3　首页用例描述

用例 ID	SFCMS-UC-05-01	用例名称	首页
执行者	当前用户		
前置条件	当前用户登录首页		
后置条件	跳转到智慧管家、业主自治、友邦社交模块		
基本事件流	1. 用户点击"智慧管家" 2. 用户点击"业主自治" 3. 用户点击"友邻社交" 4. 用户点击"送水""缴费""快递代寄""建议""维修服务"		
扩展事件流	1. 系统未检测到点击事件 2. 系统未检测到用户提交的信息 3. 系统信息显示失败		
异常事件流	第 2 或 3 步,出现系统故障,例如界面无信息显示,系统弹出系统异常页面,提示"系统出错,请重试"		
待解决问题			

2. 界面效果

按照上述步骤进行模块开发并实现如图 5-3 所示的效果。

图 5-3　首页模块效果图

3. 单元测试

模块完成后按照表 5-4 给出的单元测试用例进行本模块的单元测试。

表 5-4 功能分组模块单元测试

功能分组模块单元测试				
测试用例标识符	输入 / 动作	期望输出	实际输出	备注
Testcase001	点击"智慧管家"	跳转到智慧管家模块		□ 通过 □ 未通过
Testcase002	点击"业主自治"	跳转到业主自治模块		□ 通过 □ 未通过
Testcase003	点击"友邻社交"	跳转到友邻社交模块		□ 通过 □ 未通过
Testcase004	点击"送水"	跳转到送水服务		□ 通过 □ 未通过
Testcase005	点击"缴费"	跳转到缴费服务		□ 通过 □ 未通过
Testcase006	点击"快递代寄"	跳转到快递代寄服务		□ 通过 □ 未通过
Testcase007	点击"建议"	跳转到建议模块		□ 通过 □ 未通过
Testcase008	点击"维修服务"	跳转到维修服务		□ 通过 □ 未通过

5.2.2 送水部分

1. 概要设计

（1）原型设计

送水部分主要显示联系人的电话和地址，以及商品详细信息、商品售价等相关内容。页面设计如图 5-4 所示。

图 5-4　送水模块页面设计图

（2）功能分析

● 功能分组页面描述。

送水服务可以方便用户用水，用户进入订水服务，选择水的种类生成订单并填写地址后支付来购买水。

● 功能分组用例描述。

表 5-5　送水用例描述

用例 ID	SFCMS-UC-05-02	用例名称	送水
执行者	当前用户		
前置条件	用户点击"送水"		

续表

后置条件	成功跳转到送水服务模块
基本事件流	1. 用户点击"添加"按钮进行商品的选择 2. 点击"选好了"按钮进行页面跳转 3. 点击"立即下单"按钮进行订单的提交 4. 点击"确认支付"按钮进行付款
扩展事件流	1. 系统未检测到点击事件 2. 系统未检测到用户提交的信息 3. 系统订单生成失败
异常事件流	第 2 或 3 步,出现系统故障,例如界面无信息显示,系统弹出系统异常页面,提示"系统出错,请重试"
待解决问题	

（3）数据库设计

送水模块涉及的表包括用户表、商品信息表和用户购买表。系统根据登录用户的信息查询用户表,确定用户的编号、名称、地址和电话,在商品信息表查询商品信息,在用户购买表通过用户编号查询信息。权限 5 模块所用到的数据库表如表 5-6、表 5-7 所示。

表 5-6　producInformation(商品信息表

序号	列名	数据类型	数据来源	是否为空	是否主键	备注
1	productID	int	管理员输入	否	是	商品编号
2	productName	nvarchar(50)	管理员输入	是	否	商品名称
3	productPrice	nvarchar(50)	管理员输入	是	否	商品价格
4	inventory	nvarchar(50)	管理员输入	是	否	商品存货量
5	numberSold	nvarchar(50)	管理员输入	是	否	售出个数
6	bargainGoods	nvarchar(50)	管理员输入	是	否	特价商品
7	remark	nvarchar(50)	管理员输入	是	否	备注

表 5-7　userPurchaseForm(用户购买表)

序号	列名	数据类型	数据来源	是否为空	是否主键	备注
1	serialID	int	管理员输入	否	是	购买编号
2	userID	int	管理员输入	否	是	用户编号
3	ProductID	int	管理员输入	否	是	商品编号
4	buyGoods	nvarchar(50)	管理员输入	是	否	购买商品
5	buyNumber	nvarchar(50)	管理员输入	是	否	够买个数
6	price	nvarchar(50)	管理员输入	是	否	金额
7	remark	nvarchar(50)	管理员输入	是	否	备注

2. 所需数据格式及内容

通过分析可知送水部分需要和智慧社区服务端进行联系，调取服务端 waterdeliveryservice 接口。调取数据格式为：

```
{
ID:1,
username: "Tonge",
telephone: "18888888888",
homeAdress: "武汉市保利时代 A1 栋 2202",
goods: [
{
ProductID: 1,
productName: "桶装水",
productPrice: 12,
 numberSold: 21,
 remark: "线下支付"
}    ]
}
```

3. 界面效果

按照上述步骤进行模块开发并实现如图 5-5 所示的效果。

图 5-5　送水模块效果图

4. 单元测试

模块完成后,按照表 5-8 给出的单元测试用例进行本模块的单元测试。

表 5-8　功能分组模块单元测试

功能分组模块单元测试				
测试用例标识符	输入/动作	期望输出	实际输出	备注
Testcase001	点击"添加"按钮	购物车加入商品		□通过□未通过
Testcase002	点击"选好了"	跳转到订单界面		□通过□未通过
Testcase003	点击"加号"	购物车商品增加		□通过□未通过

续表

功能分组模块单元测试				
测试用例标识符	输入/动作	期望输出	实际输出	备注
Testcase004	点击"减号"	购物车商品减少		□ 通过 □ 未通过
Testcase005	点击"返回"按钮	返回到发现界面		□ 通过 □ 未通过
Testcase006	点击"确认支付"	弹出支付成功提示框		□ 通过 □ 未通过
Testcase007	订单编号是否显示	显示		□ 通过 □ 未通过
Testcase008	订单金额是否显示	显示		□ 通过 □ 未通过

5.2.3　物业缴费部分

1. 概要设计

（1）原型设计

物业缴费部分主要显示联系人的电话和地址，以及待缴费事项、合计金额等相关内容。页面设计如图 5-6 所示。

图 5-6　物业缴费模块页面设计图

（2）功能分析

● 功能分组页面描述。

物业缴费服务可以方便用户缴费，用户进入物业缴费服务，显示待缴费信息，勾选点击"缴费"按钮进行缴费。

● 功能分组用例描述。

表 5-9　添加功能分组用例描述

用例 ID	SFCMS-UC-05-03	用例名称	物业缴费
执行者	当前用户		
前置条件	用户点击"物业缴费"		
后置条件	成功跳转到缴费界面		
基本事件流	1. 用户点击缴费列表进行选择 2. 点击"缴费"按钮进行缴费		
扩展事件流	1. 系统未检测到用户的点击缴费列表请求 2. 系统未检测到用户点击"缴费"按钮		
异常事件流	第 1 或 2 步,出现系统故障,例如界面无信息显示,系统弹出系统异常页面,提示"系统出错,请重试"		
待解决问题			

（3）数据库设计

物业缴费模块涉及的表包括用户表和用户缴费信息表。系统根据登录用户的信息查询用户表,确定用户的编号、姓名、地址和手机号,在用户缴费信息表通过用户编号查询到用户缴费信息。物业缴费模块所用到的数据库表如表 5-10 所示。

表 5-10　paymentInformation(用户缴费信息表)

序号	列名	数据类型	数据来源	是否为空	是否主键	备注
1	userID	int	管理员输入	否	是	用户编号
2	year	datetime	管理员输入	是	否	年份
3	purpose	nvarchar(50)	管理员输入	是	否	用途
4	price	nvarchar(50)	管理员输入	是	否	金额
5	payCost	nvarchar(50)	管理员输入	是	否	是否缴费
6	remark	nvarchar(50)	管理员输入	是	否	备注

2. 所需数据格式及内容

通过分析可知,物业缴费部分需要和智慧社区服务端进行联系,调取服务端 Propertypayment 接口,调取数据格式为:

```
{
ID:1,
username: "Tonge",
 telephone: "18888888888",
 homeAdress: "武汉市保利时代 A1 栋 2202",
 payment:
[
{
ProductID: 1,
propertyFee:"物业费",
price: 12, s
artTime: "2018-01-01",
endtime:"2018-01-31",
payCost: 0
}
]
}
```

3. 界面效果

按照上述步骤进行模块开发并实现如图 5-7 所示效果。

图 5-7　物业缴费模块效果图

4. 单元测试

模块完成后，按照表5-11给出的单元测试用例进行本模块的单元测试。

表5-11 功能分组模块单元测试

功能分组模块单元测试				
测试用例标识符	输入/动作	期望输出	实际输出	备注
Testcase001	点击"返回"按钮	返回到首页		□ 通过 □ 未通过
Testcase002	点击"缴费"按钮	弹出缴费成功提示框		□ 通过 □ 未通过
Testcase003	预缴费信息是否显示	显示		□ 通过 □ 未通过
Testcase004	用户住址是否显示	显示		□ 通过 □ 未通过
Testcase005	用户电话是否显示	显示		□ 通过 □ 未通过
Testcase006	合计金额是否显示	显示		□ 通过 □ 未通过
Testcase007	用户名是否显示	显示		□ 通过 □ 未通过
Testcase008	简介是否显示	显示		□ 通过 □ 未通过

5.2.4 快递代寄部分

1. 概要设计

（1）原型设计

快递代寄部分主要显示联系人的电话和地址，可以选择的快递公司、上传的图片等相关内容。页面设计如图5-8所示。

图5-8 快递代寄模块页面设计图

（2）功能分析

● 功能分组页面描述。

快递代寄服务可以方便用户寄快递。用户进入快递代寄服务，填写信息，选择快递公司，点击"填好了"按钮寄件。

● 功能分组用例描述。

表 5-12　快递代寄用例描述

用例 ID	SFCMS-UC-05-04	用例名称	快递代寄
执行者	当前用户		
前置条件	用户点击"快递代寄"		
后置条件	成功跳转到代寄服务模块		
基本事件流	1. 用户点击"请选择快递公司"可以进行快递的选择 2. 点击"上传图片"进行图片的上传 3. 点击"填好了"按钮进行数据的提交		
扩展事件流	1. 系统未检测到用户选择快递公司的请求 2. 系统未检测到用户点击图片上传 3. 系统未检测到用户提交信息		
异常事件流	第 1 或 3 步，出现系统故障，例如界面无信息显示，系统弹出系统异常页面，提示"系统出错，请重试"		
待解决问题			

（3）数据库设计

快递代寄模块涉及的表包括用户表和快递代寄表。系统根据登录用户的信息查询用户表，确定用户的编号、姓名、地址和手机号，在快递代寄表中进行数据的添加。快递代寄模块所用到的数据库表如表 5-13 所示。

表 5-13　expressdelivery（快递代寄表）

序号	列名	数据类型	数据来源	是否为空	是否主键	备注
1	userID	int	管理员输入	否	是	用户编号
2	expressdeliverynumber	nvarchar(50)	管理员输入	是	否	快递编号
3	homeAdress	nvarchar(50)	管理员输入	是	否	用户地址
4	telephone	nvarchar(50)	管理员输入	是	否	用户手机号
5	username	nvarchar(50)	管理员输入	是	否	用户姓名
6	company	nvarchar(50)	管理员输入	是	否	快递公司
7	picture	nvarchar(50)	管理员输入	是	否	对应图片
8	remark	nvarchar(50)	管理员输入	是	否	备注

2. 所需数据格式及内容

通过分析可知,快递代寄部分需要和智慧社区服务端进行联系,调取服务端 postexpress-delivery 接口,提交数据格式为:

```
{
userID:1,
picture:"picture.png",
homeAdress:"用户地址",
telephone:"用户手机号",
username:"用户姓名",
company:"快递公司"
}
```

3. 界面效果

按照上述步骤进行模块开发并实现如图 5-9 所示效果。

图 5-9　快递代寄模块效果图

4. 单元测试

模块完成后,按照表 5-14 给出的单元测试用例进行本模块的单元测试。

表 5-14　功能分组模块单元测试

功能分组模块单元测试				
测试用例标识符	输入 / 动作	期望输出	实际输出	备注
Testcase001	点击"返回"按钮	返回到首页		□ 通过 □ 未通过

续表

功能分组模块单元测试				
测试用例标识符	输入 / 动作	期望输出	实际输出	备注
Testcase002	点击"选好了"按钮	弹出代寄成功提示框		□ 通过 □ 未通过
Testcase003	选择快递公司	显示常用快递公司		□ 通过 □ 未通过
Testcase004	用户住址是否显示	显示		□ 通过 □ 未通过
Testcase005	用户电话是否显示	显示		□ 通过 □ 未通过
Testcase006	用户名是否显示	显示		□ 通过 □ 未通过

5.2.5 建议部分

1. 概要设计

（1）原型设计

咨询建议部分主要显示联系人的电话和地址，以及填写的建议、上传的图片等相关内容。页面设计如图 5-10 所示。

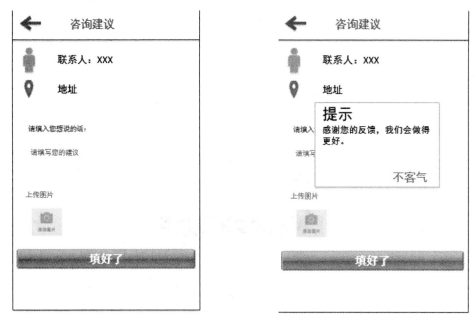

图 5-10 咨询建议模块页面设计图

（2）功能分析

● 功能分组页面描述。

咨询建议服务用来得到用户的反馈信息。用户进入咨询建议服务，填写建议，点击"填好了"按钮提交。

● 功能分组用例描述。

表 5-15　添加功能分组用例描述

用例 ID	SFCMS-UC-06-05		用例名称	咨询建议
执行者	当前用户			
前置条件	用户点击"咨询建议"			
后置条件	成功跳转到建议模块			
基本事件流	1. 用户点击"建议 / 咨询"进行选择 2. 在下边进行建议的输入 3. 点击"上传图片"进行图片的上传 4. 点击"填好了"按钮进行数据的提交			
扩展事件流	1. 系统未检测到用户点击"建议 / 咨询" 2. 系统未检测到用户输入 3. 系统未检测到用户点击图片上传 4. 系统未检测到用户提交信息			
异常事件流	第 1 或 4 步,出现系统故障,例如界面无信息显示,系统弹出系统异常页面,提示"系统出错,请重试"			
待解决问题:				

（3）数据库设计

建议模块涉及的表包括用户表和意见反馈表。系统根据登录用户的信息查询用户表,确定用户的编号、姓名、地址和手机号,在意见反馈表中进行数据的添加。权限管理模块所用到的数据库表如表 5-16 所示。

表 5-16　customerFeedbackTable（意见反馈表）

序号	列名	数据类型	数据来源	是否为空	是否主键	备注
1	userID	int	管理员输入	否	是	用户编号
2	opinionNumber	nvarchar(50)	管理员输入	是	否	意见编号
3	opinionsDescribe	nvarchar(50)	管理员输入	是	否	意见描述
4	picture	nvarchar(50)	管理员输入	是	否	对应图片
5	Advice	nvarchar(50)	管理员输入	是	否	意见查看
6	remark	nvarchar(50)	管理员输入	是	否	备注

2. 所需数据格式及内容

通过分析可知,建议部分需要和智慧社区服务端进行联系,调取服务端 advice 接口,提交数据格式为:

```
{
userID:1,
picture:"picture.png",
content:"提交内容",
remark:"提交类别"
}
```

3. 界面效果

按照上述步骤进行模块开发并实现如图 5-11 所示效果。

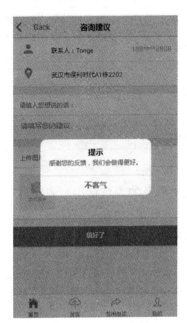

图 5-11　咨询建议模块效果图

4. 单元测试

模块完成后,按照表 5-17 给出的单元测试用例进行本模块的单元测试。

表 5-17　功能分组模块单元测试

功能分组模块单元测试				
测试用例标识符	输入 / 动作	期望输出	实际输出	备注
Testcase001	点击"返回"按钮	返回到首页		□ 通过 □ 未通过
Testcase002	点击"选好了"按钮	弹出提示框		□ 通过 □ 未通过
Testcase003	用户填写建议	显示数据		□ 通过 □ 未通过
Testcase004	用户住址是否显示	显示		□ 通过 □ 未通过
Testcase005	用户电话是否显示	显示		□ 通过 □ 未通过
Testcase006	用户名是否显示	显示		□ 通过 □ 未通过

5.2.6　维修服务部分

1. 概要设计

（1）原型设计

维修服务部分主要显示联系人的电话和地址，以及填写的维修信息、上传的图片等相关内容。页面设计如图 5-12 所示。

图 5-12　维修服务模块页面设计图

（2）功能分析

功能分组页面描述。

● 维修服务是用户上报维修信息的模块。用户进入维修服务，填写维修信息，点击"填好了"按钮提交。

● 功能分组用例描述。

表 5-18　维修服务用例描述

用例 ID	SFCMS-UC-05-07	用例名称	维修服务
执行者	当前用户		
前置条件	用户点击"维修服务"		
后置条件	成功跳转到维修模块		
基本事件流	1. 用户点击"居家维修／公共维修"进行选择 2. 在下边进行信息输入 3. 点击"上传图片"进行图片的上传 4. 点击"填好了"按钮进行数据的提交		

扩展事件流	1. 系统未检测到用户点击"居家维修/公共维修" 2. 系统未检测到用户输入 3. 系统未检测到用户点击图片上传 4. 系统未检测到用户提交信息
异常事件流	第1或4步,出现系统故障,例如界面无信息显示,系统弹出系统异常页面,提示"系统出错,请重试"
待解决问题	

（3）数据库设计

维修模块涉及的表包括用户表和维修表。系统根据登录用户的信息查询用户表,确定用户的编号、姓名、地址和手机号,在维修表中进行数据的添加。权限管理模块所用到的数据库表如表5-19所示。

表5-19　repair(维修表)

序号	列名	数据类型	数据来源	是否为空	是否主键	备注
1	userID	int	管理员输入	否	是	用户编号
2	repairnumber	nvarchar(50)	管理员输入	是	否	维修编号
3	homeAdress	nvarchar(50)	管理员输入	是	否	用户地址
4	telephone	nvarchar(50)	管理员输入	是	否	用户手机号
5	username	nvarchar(50)	管理员输入	是	否	用户姓名
6	repairassort-ment	nvarchar(50)	管理员输入	是	否	维修类别
7	picture	nvarchar(50)	管理员输入	是	否	对应图片
8	remark	nvarchar(50)	管理员输入	是	否	备注

2. 所需数据格式及内容

通过分析可知,建议部分需要和智慧社区服务端进行联系,调取服务端postrepair接口,提交数据格式为:

```
{
userID:1,
picture:"picture.png",
homeAdress:"用户地址",
telephone:"用户手机号",
username:"用户名称",
repairassortment:"维修类别"
}
```

3. 界面效果

按照上述步骤进行模块开发并实现如图 5-13 所示效果。

图 5-13　维修服务模块效果图

4. 单元测试

模块完成后，按照表 5-20 给出的单元测试用例进行本模块的单元测试。

表 5-20　功能分组模块单元测试

功能分组模块单元测试				
测试用例标识符	输入／动作	期望输出	实际输出	备注
Testcase001	点击"返回"按钮	返回到首页		□ 通过 □ 未通过
Testcase002	点击"选好了"按钮	弹出提示框		□ 通过 □ 未通过
Testcase003	用户填写维修信息	显示数据		□ 通过 □ 未通过
Testcase004	用户住址是否显示	显示		□ 通过 □ 未通过
Testcase005	用户电话是否显示	显示		□ 通过 □ 未通过
Testcase006	用户名是否显示	显示		□ 通过 □ 未通过
Testcase007	用户上传图片	图片上传成功		□ 通过 □ 未通过

【轻松一刻】

1. 场景一

项目经理：如果我再给你一个人，那什么时候可以完工？程序员：3 个月吧！项目经理：那给两个呢？程序员：1个月吧！项目经理：那100个呢？程序员：1年吧！项目经理：那10000个呢？程序员：那我将永远无法完成任务。

2. 场景二

知道JAVA程序员和C程序员的差别吗？食堂里，吃完饭就走的是JAVA程序员，吃完饭还要自己收拾的那就是C程序员。至于为什么会这样，大家都明白（因为JAVA自带垃圾回收机制，C需要手动释放内存），这就是原因。

本模块开发过程中，小组成员每天提交开发日志，模板参见附录5开发日志。本模块完成后，以小组为单位提交模块开发报告并提交技术文档（不少于3份），参见附录7、附录9模块完成报告模板进行填写。

登录模块开发报告		
小组名称		
负责人		
小组成员		
工作内容		
状态	□正常　　□提前　　□延期	
小组得分		
备注		

模块六　智慧社区发现模块功能实现

本模块主要介绍如何实现智慧社区的发现模块功能。通过对该功能的实现，掌握如何实现点赞、评论，以及用户遇见喜欢的工作室进行关注。在学习过程中：

- 掌握发现功能的设计要求和开发流程。
- 学习并掌握点赞、评论功能的实现。
- 完成发现模块的单元测试任务。
- 提交发现模块开发报告及技术文档。

有需求就有产品。在当前智能热潮的大背景下,想要办得成功、业内圈扩大,仅凭华丽的言语宣传是不够的,客户满意的回馈才是一些业内人士坚持不懈的动力。响应"互联网+"的号召,智慧社区从用户的利益出发,不仅为用户提供了便捷、智能的服务,而且为他们提供了一对一的问题辅导。为此研发人员添加了发现模块。用户进入发现模块以后,不仅可以在线查看自己感兴趣的周边商圈。考虑到用户遇到困惑的事儿,研发团队使用第三方插件,达到了用户在线请教专家的目的。同时,用户可在周边商圈模块对感兴趣的动态点赞、评论。这样一来,用户不管身在何处,都可以与专业老师进行交流,随时随地解决疑惑。

6.1　发现模块任务信息

任务编号 SFCMS(Smart Factory Central Management System)-06-01,见表 6-1、表 6-2 所示。

表 6-1　基本信息

任务名称	用户登录功能实现				
任务编号	SFCMS-06-01	版本	1.0	任务状态	
计划开始时间		计划完成时间		计划用时	
负责人		作者		审核人	
工作产品	【 】文档【 】图表【 】测试用例【 】代码【 】可执行文件				

表 6-2　角色分工

岗位	系统分析	系统设计	系统页面实现	系统逻辑编程	系统测试
负责人					

6.2　发现模块开发

社区居民每个人在使用智慧社区 APP 时,遇到问题可以相互交流,查看周边商圈寻找解决办法。发现模块分为三部分,主要包括周边商圈、周边工作室、红黑榜。发现模块用例如图 6-1 所示。

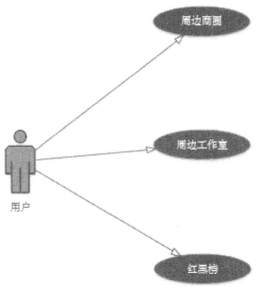

图 6-1 发现模块用例图

6.2.1 发现主界面

1. 概要设计

（1）原型设计

发现页面主要显示智能社区常用的一些功能和帮助,包括周边商圈、周边工作室、红黑榜三部分。页面设计如图 6-2 所示。

图 6-2 发现模块页面设计图

（2）功能分析

● 功能分组页面描述。

发现模块主要是用户交友的论坛。用户可以寻找感兴趣的工作室并进行关注,对自己喜欢的动态进行点赞、评论。

● 功能分组用例描述。

表 6-3　周边商圈用例描述

用例 ID	SFCMS-UC-06-01	用例名称	周边商圈
执行者	当前用户		
前置条件	用户点击"周边商圈"		
后置条件	点击成功跳转到商圈详情界面		
基本事件流	1. 用户点击"周边商圈" 2. 用户查看商圈全部分类 3. 用户点击"默认排序" 4. 人均消费由低到高显示		
扩展事件流	1. 系统未检测到点击事件 2. 系统未检测到用户提交的信息 3. 系统信息排序失败		
异常事件流	第 2 或 3 步,出现系统故障,例如界面无信息显示,系统弹出系统异常页面,提示"系统出错,请重试"		
待解决问题			

表 6-4 周边工作室用例描述

用例 ID	SFCMS-UC-06-02	用例名称	周边工作室
执行者	当前用户		
前置条件	用户点击"周边工作室"		
后置条件	点击成功跳转到工作室详情界面		
基本事件流	1. 用户点击"周边工作室" 2. 用户查看工作室分类 3. 用户点击"关注"按钮		
扩展事件流	1. 系统未检测到点击事件 2. 系统未检测到用户提交的信息 3. 系统信息关注失败		
异常事件流	第 1 步,出现系统故障,例如界面无信息显示,系统弹出系统异常页面,提示"系统出错,请重试"		
待解决问题			

表 6-5　红黑榜用例描述

用例 ID	SFCMS-UC-06-03	用例名称	红黑榜
执行者	当前用户		
前置条件	用户点击红黑榜		
后置条件	点击成功跳转到红黑榜详情界面		
基本事件流	1. 用户点击"红黑榜" 2. 用户点击点赞按钮 3. 用户点击"评论"按钮 4. 系统显示业主发布的信息		
扩展事件流	1. 系统未检测到点击事件 2. 系统未检测到用户点赞事件 3. 系统未检测到用户评论事件		
异常事件流	第 1 或 4 步,出现系统故障,例如界面无信息显示,系统弹出系统异常页面,提示"系统出错,请重试"		
待解决问题			

2. 界面效果

按照上述步骤进行模块开发并实现如图 6-3 所示效果。

图 6-3　发现模块效果图

3. 单元测试

模块完成后，按照表 6-6 给出的单元测试用例进行本模块的单元测试。

表 6-6　功能分组模块单元测试

功能分组模块单元测试				
测试用例标识符	输入 / 动作	期望输出	实际输出	备注
Testcase001	点击"周边商圈"	跳转到商圈详情页面		□ 通过 □ 未通过
Testcase002	点击"周边工作室"	跳转到详情页面		□ 通过 □ 未通过
Testcase003	点击"红黑榜"	跳转到红黑榜详情页面		□ 通过 □ 未通过

6.2.2　周边商圈

1. 概要设计

（1）原型设计

周边商圈主要显示商圈的名称、星级评价、简介、人均消费等内容。页面设计如图 6-4 所示。

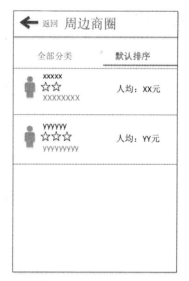

图 6-4　周边商圈模块页面设计图

（2）功能分析

● 功能分组页面描述。

周边商圈的主要作用是用户可以查看周边具有的商圈，并可以对周边商圈进行排序，选择合适自己的商店。

● 功能分组用例描述。

表 6-7　全部分类用例描述

用例 ID	SFCMS-UC-06-04	用例名称	全部分类
执行者	当前用户		
前置条件	用户点击"全部分类"		
后置条件	商圈信息显示成功		
基本事件流	1. 用户点击"全部分类" 2. 用户查看商圈分类信息 3. 系统显示所有分类信息		
扩展事件流	1. 系统未检测到点击事件 2. 系统未检测到用户提交的信息 3. 系统信息显示失败		
异常事件流	第2或3步,出现系统故障,例如界面无信息显示,系统弹出系统异常页面,提示"系统出错,请重试"		
待解决问题			

表 6-8　默认排序用例描述

用例 ID	SFCMS-UC-06-05	用例名称:	默认排序
执行者	当前用户		
前置条件	用户点击"默认排序"		
后置条件	价格由低到高显示商圈信息		
基本事件流	1. 用户点击"默认排序" 2. 用户查看商圈分类信息 3. 价格由低到高显示商圈信息		
扩展事件流	1. 系统未检测到点击事件 2. 系统未检测到用户提交的信息 3. 系统信息显示失败		
异常事件流	第2或3步,出现系统故障,例如界面无信息显示,系统弹出系统异常页面,提示"系统出错,请重试"		
待解决问题			

（3）数据库设计

周边商圈模块涉及的表包括用户表和商圈表。系统根据登录用户的信息查询用户表,确定用户的地址,在商圈表中通过用户地址查询到商圈信息。周边商圈模块所用到的数据库表如表 6-9 所示。

表 6-9 businessCircle(商圈表)

序号	列名	数据类型	数据来源	是否为空	是否主键	备注
1	businessID	int	管理员输入	否	是	商圈编号
2	businessName	nvarchar(50)	管理员输入	是	否	商圈名称
3	businessAddress	nvarchar(50)	管理员输入	是	否	商圈地址
4	businessImage	nvarchar(50)	管理员输入	是	否	商圈图像
5	businessProfile	nvarchar(50)	管理员输入	是	否	商圈简介
6	WhichStar	nvarchar(50)	管理员输入	是	否	商圈星级
7	consumptionPer Person	nvarchar(50)	管理员输入	是	否	人均消费
8	ranking	nvarchar(50)	管理员输入	是	否	排名

2. 所需数据格式及内容

通过分析可知,周边商圈部分需要和智慧社区服务端进行联系,调取服务端 businessCircle 接口,调取数据格式为:

```
[
{
businessID:1,
businessName:"名称",
businessImage:"图片地址",
businessProfile:"简介",
WhichStar:5,
consumptionPerPerson:3
}
]
```

3. 界面效果

按照上述步骤进行模块开发并实现如图 6-5 所示效果。

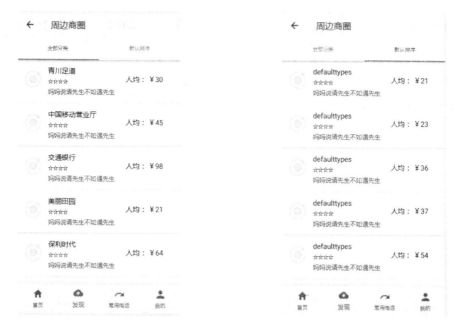

图 6-5　周边商圈模块效果图

4. 单元测试

模块完成后，按照表 6-10 给出的单元测试用例进行本模块的单元测试。

表 6-10　功能分组模块单元测试

功能分组模块单元测试				
测试用例标识符	输入 / 动作	期望输出	实际输出	备注
Testcase001	点击"全部分类"	显示商圈信息		□ 通过 □ 未通过
Testcase002	点击"默认排序"	商圈信息排序		□ 通过 □ 未通过
Testcase003	点击"返回"按钮	返回到发现界面		□ 通过 □ 未通过
Testcase004	头像是否显示	显示		□ 通过 □ 未通过
Testcase005	名称是否显示	显示		□ 通过 □ 未通过
Testcase006	简介是否显示	显示		□ 通过 □ 未通过
Testcase007	星级评价是否显示	显示		□ 通过 □ 未通过
Testcase008	人均价格是否显示	显示		□ 通过 □ 未通过

6.3.3　周边工作室

1. 概要设计

（1）原型设计

周边工作室模块分为周边、本小区、我关注的工作室。工作室主要显示用户名、简介、粉丝数量等内容。如图 6-6 所示。

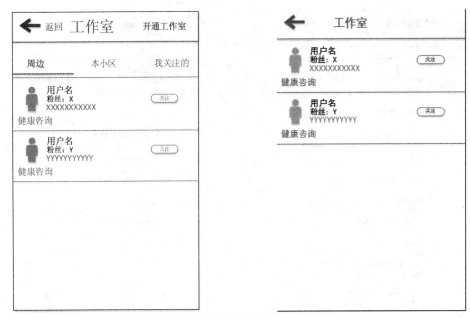

图 6-6　周边工作室模块页面设计图

（2）功能分析

● 功能分组页面描述。

周边工作室模块的主要作用是用户可以查看周边工作室,并可以关注用户感兴趣的工作室。

● 功能分组用例描述。

表 6-11　周边用例描述

用例 ID	SFCMS-UC-06-06	用例名称	周边
执行者	当前用户		
前置条件	用户点击"周边"		
后置条件	显示周边的工作室		
基本事件流	1. 用户点击"周边" 2. 用户点击"添加"按钮 3. 用户查看工作室分类		
扩展事件流	1. 系统未检测到用户的点击事件 2. 系统未检测到用户提交的信息 3. 系统页面关注失败		
异常事件流	第 1 步,出现系统故障,例如界面无信息显示,系统弹出系统异常页面,提示"系统出错,请重试"		
待解决问题			

表 6-12 本小区用例描述

用例 ID	SFCMS-UC-06-07		用例名称	本小区
执行者	当前用户			
前置条件	用户点击"本小区"			
后置条件	显示本小区的工作室			
基本事件流	1. 用户点击"本小区" 2. 用户点击"添加"按钮 3. 用户查看工作室分类			
扩展事件流	1. 系统未检测到用户的点击事件 2. 系统未检测到用户提交的信息 3. 系统页面关注失败			
异常事件流	第 1 步,出现系统故障,例如界面无信息显示,系统弹出系统异常页面,提示"系统出错,请重试"			
待解决问题				

表 6-13 我的关注用例描述

用例 ID	SFCMS-UC-06-08		用例名称	我的关注
执行者	当前用户			
前置条件	用户点击"我的关注"			
后置条件	显示用户关注的工作室			
基本事件流	1. 用户点击"我的关注" 2. 用户点击"添加"按钮 3. 用户查看工作室分类			
扩展事件流	1. 系统未检测到用户的点击事件 2. 系统未检测到用户提交的信息 3. 系统页面关注失败			
异常事件流	第 1 步,出现系统故障,例如界面无信息显示,系统弹出系统异常页面,提示"系统出错,请重试"			
待解决问题				

（3）数据库设计

周边工作室模块涉及的表包括用户表和工作室表。系统根据登录用户的信息查询用户表,确定用户的地址,在工作室表中通过用户地址查询到周边工作室信息。周边工作室模块所用到的数据库表如表 6-14 所示。

表 6-14 Studio(工作室表)

序号	列名	数据类型	数据来源	是否为空	是否主键	备注
1	studioID	int	管理员输入	否	是	工作室编号
2	studioName	nvarchar(50)	管理员输入	是	否	工作室名称

续表

序号	列名	数据类型	数据来源	是否为空	是否主键	备注
3	studioAddress	nvarchar(50)	管理员输入	是	否	工作室地址
4	position	nvarchar(50)	管理员输入	是	否	职位
5	intro	nvarchar(50)	管理员输入	是	否	简介
6	numberFans	nvarchar(50)	管理员输入	是	否	粉丝个数
7	homeBusiness	nvarchar(50)	管理员输入	是	否	主页业务
8	remark	nvarchar(50)	管理员输入	是	否	备注

2. 所需数据格式及内容

通过分析可知,工作室部分需要和智慧社区服务端进行联系,调取服务端 studio 接口,调取数据格式为:

```
[
{
studioID:1,
studioName:"名称",
intro:"简介",
numberFans:5
}
]
```

3. 界面效果

按照上述步骤进行模块开发并实现如图 6-7 所示效果。

图 6-7　周边工作室模块效果图

4. 单元测试

模块完成后，按照表 6-15 给出的单元测试用例进行本模块的单元测试。

表 6-15　功能分组模块单元测试

功能分组模块单元测试				
测试用例标识符	输入／动作	期望输出	实际输出	备注
Testcase001	点击"返回"按钮	返回到发现页面		□ 通过 □ 未通过
Testcase002	点击"周边"	显示周边工作室列表		□ 通过 □ 未通过
Testcase003	点击"本小区"	显示本小区工作室列表		□ 通过 □ 未通过
Testcase004	点击"我关注的"	显示用户关注的工作室列表		□ 通过 □ 未通过
Testcase005	点击"关注"	在列表显示关注的工作室		□ 通过 □ 未通过
Testcase006	头像是否显示	显示		□ 通过 □ 未通过
Testcase007	用户名是否显示	显示		□ 通过 □ 未通过
Testcase008	简介是否显示	显示		□ 通过 □ 未通过

6.4.4　红黑榜部分

1. 概要设计

（1）原型设计

红黑榜模块主要显示用户的用户名、简介、头像、点赞、评论按钮等内容。如图 6-8 所示。

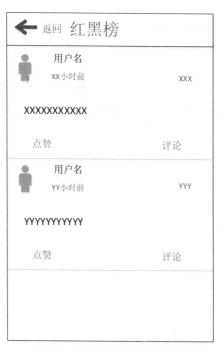

图 6-8　红黑榜模块页面设计图

（2）功能分析

● 功能分组页面描述。

红黑榜模块是用户进行交友，对感兴趣的动态进行点赞、评论操作。

● 功能分组用例描述。

表 6-16　红黑榜用例描述

用例 ID	SFCMS-UC-06-09		用例名称	红黑榜
执行者	当前用户			
前置条件	用户点击"红黑榜"			
后置条件	跳转到红黑榜列表界面			
基本事件流	1. 用户点击"红黑榜" 2. 用户点击"返回"按钮 3. 用户点击"点赞"按钮 4. 用户点击"评论"按钮			
扩展事件流	1. 系统未检测到点击事件 2. 系统未检测到用户点赞事件 3. 系统未检测到用户评论事件			
异常事件流	第 1 或 4 步，出现系统故障，例如界面无信息显示，系统弹出系统异常页面，提示"系统出错，请重试"			
待解决问题				

（3）数据库设计

红黑榜模块涉及的表包括状态表，系统在状态表中查询所有状态信息信息。红黑榜模块所用到的数据库表如表 6-17 所示。

表 6-17　ActionInfo（功能活动表）

序号	列名	数据类型	数据来源	是否为空	是否主键	备注
1	ID	nvarchar(50)	管理员输入	否	是	活动编号
2	SubTime	datatime	管理员输入	是	否	插入时间
3	ModifiedOn	datatime	管理员输入	是	否	修改时间
4	Remark	nvarchar(MAX)	管理员输入	是	否	备注
5	Url	nvarchar(MAX)	管理员输入	是	否	跳转地址
6	HttpMethod	nvarchar(MAX)	管理员输入	是	否	提交方法
7	ParentID	nvarchar(MAX)	管理员输入	是	否	父级菜单
8	MenuIndex	int	管理员输入	是	否	菜单索引
9	ActionType	int	管理员输入	是	否	菜单类型
10	MenuName	nvarchar(MAX)	管理员输入	是	否	菜单名称
11	Icon	nvarchar(MAX)	管理员输入	是	否	图标

2. 所需数据格式及内容

通过分析可知红黑榜部分需要和智慧社区服务端进行联系,调取服务端 getstatus 接口,调取数据格式为:

```
[
{
statusID:1,
publishContent:"内容",
publishedTime:"时间",
commentNumber:5,
numberThumb:3
}
]
```

3. 界面效果

按照上述步骤进行模块开发并实现如图 6-9 所示效果。

图 6-9 红黑榜模块效果图

4. 单元测试

模块完成后,按照表 6-18 给出的单元测试用例进行本模块的单元测试。

表 6-18　功能分组模块单元测

功能分组模块单元测试				
测试用例标识符	输入/动作	期望输出	实际输出	备注
Testcase001	点击"返回"按钮	返回到发现页面		□ 通过 □ 未通过
Testcase002	头像是否显示	显示		□ 通过 □ 未通过
Testcase003	用户名是否显示	显示		□ 通过 □ 未通过
Testcase004	简介是否显示	显示		□ 通过 □ 未通过
Testcase005	点击点赞按钮	点赞数加一		□ 通过 □ 未通过
Testcase006	点击评论按钮	对用户评论		□ 通过 □ 未通过

【轻松一刻】

1. 场景一

前台美女三宝:你好,找谁,倒饮料。产品经理三宝:山寨,改版,再推倒。项目经理三宝:进度,流程,做报表。团队经理三宝:团建,开会,评绩效。数据分析师三宝:SQL,Excel,PPT。人事经理三宝:画饼,忽悠,挖人。设计师三宝:修改,重做,撕稿。程序员三宝:闷骚,加班,修电脑。

2. 场景二

我给你出个脑筋急转弯,你说达芬奇密码的上面是什么?"

"这……太难了吧。不知道。"

"笨!达芬奇密码的上面就是达芬奇账号啊,那达芬奇密码的下面是什么?"

"我……这……还是不知道。"

"是达芬奇验证码"。

本模块开发过程中,小组成员每天提交开发日志,模板参见附录 5 开发日志。本模块完成后,以小组为单位提交模块开发报告并提交技术文档(不少于 3 份),参见附录 7、附录 9 模块完成报告模板进行填写。

发现模块开发报告		
小组名称		
负责人		
小组成员		
工作内容		
状态	☐ 正常　☐ 提前　☐ 延期	
小组得分		
备注		

模块七　智慧社区我的模块功能实现

本模块主要介绍如何实现智慧社区我的模块功能。通过对该模块功能的实现,了解数据的绑定,学习单选框的相关知识,掌握 Ionic 插件的实际应用,具有使用 Ionic 实现界面需求功能的能力。在任务实现过程中:

● 了解数据的绑定。
● 学习单选框的相关知识。
● 掌握 Ionic 插件的实际应用。
● 具有使用 Ionic 实现界面需求功能的能力。

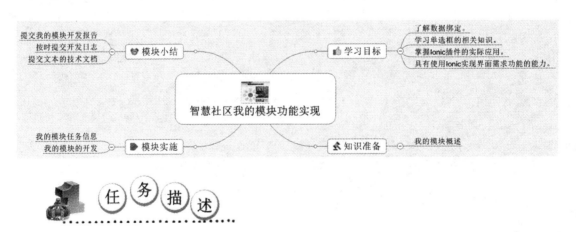

智慧社区将我的模块主要设计成用户的基本信息显示。用户进入我的模块以后,不仅仅可以查看和更改自己的信息,而且可以进入我的模块其他界面。这样一来,用户不管身在何处,都可以查看自己当前的信息,使用户可以随时查看自己的信息。我的模块除了用户信息的展示,还包含我的订单、地址、快件等信息显示界面。界面简洁、美观,给用户带来极大的便利。

7.1 我的模块任务信息

任务编号 SFCMS-07-01,如表 7-1、7-2 所示。

表 7-1 基本信息

任务名称	用户登录功能实现				
任务编号	SFCMS-07-01	版本	1.0	任务状态	
计划开始时间		计划完成时间		计划用时	
负责人		作者		审核人	
工作产品	【 】文档 【 】图表 【 】测试用例 【 】代码 【 】可执行文件				

表 7-2 角色分工

岗位	系统分析	系统设计	系统页面实现	系统逻辑编程	系统测试
负责人					

7.2 我的模块开发

社区居民登录智慧社区 APP 后,可以在我的模块设置个人信息,查看自己的服务订单等。我的模块分为七部分,主要包括个性设置、我的服务订单、我的互动、我的访客通行、我的快件、我的地址以及设置。我的模块用例如图 7-1 所示。

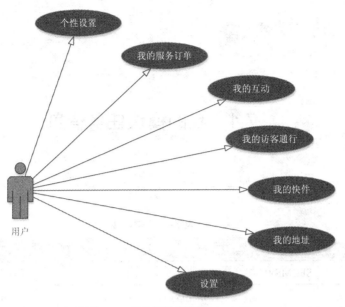

图 7-1　我的模块用例图

7.2.1　个性设置界面

1. 概要设计

（1）原型设计

个性设置界面主要显示用户的一些个人信息，包括我的服务订单、我的互动、我的访客通行、我的快件、我的地址以及设置等。页面设计如图 7-2 所示。

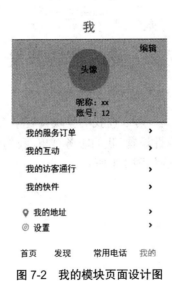

图 7-2　我的模块页面设计图

（2）功能分析

● 功能分组页面描述。

个性设置模块主要是用户个人信息资料的显示。通过该模块用户可以编辑自己的资料，查看服务订单,互动记录等。

● 功能分组用例描述。

表 7-3　个人设置用例描述

用例 ID	SFCMS-UC-07-02	用例名称	个人设置
执行者	当前用户		
前置条件	用户点击"我的"		
后置条件	点击成功跳转到个人设置模块		
基本事件流	1. 用户点击"我的服务订单" 2. 用户点击"我的互动" 3. 用户点击"我的访客通行" 4. 用户点击"我的快件"		
扩展事件流	1. 系统未检测到点击事件 2. 系统未检测到用户提交的信息 3. 系统信息显示失败		
异常事件流	第 2 或 3 步,出现系统故障,例如界面无信息显示,系统弹出系统异常页面,提示"系统出错,请重试"		
待解决问题			

2. 界面效果

按照上述步骤进行模块开发并实现如图 7-3 所示效果。

图 7-3　我的模块页面效果图

3. 单元测试

模块完成后,按照表 7-4 给出的单元测试用例进行本模块的单元测试。

表 7-4　我的模块单元测试

我的模块单元测试				
测试用例标识符	输入 / 动作	期望输出	实际输出	备注
Testcase001	点击"我的服务订单"	跳转到服务订单页面		□ 通过 □ 未通过
Testcase002	点击"我的互动"	跳转到我的互动页面		□ 通过 □ 未通过
Testcase003	点击"我的访客通行"	跳转到我的访客通行页面		□ 通过 □ 未通过
Testcase004	点击"我的快件"	跳转到我的快件页面		□ 通过 □ 未通过
Testcase005	点击"我的地址"	跳转到我的地址页面		□ 通过 □ 未通过
Testcase006	点击"设置"	跳转到设置页面		□ 通过 □ 未通过
Testcase007	昵称是否显示	显示		□ 通过 □ 未通过
Testcase008	账号是否显示	显示		□ 通过 □ 未通过
Testcase009	头像是否显示	显示		□ 通过 □ 未通过

7.2.2　我的服务订单

1. 概要设计

（1）原型设计

我的服务订单主要显示用户的头像、账单名称、时间、价格等内容。页面设计如图 7-4 所示。

图 7-4　我的服务订单页面设计图

（2）功能分析

● 功能分组页面描述。

我的服务订单的主要作用是用户可以查看自己的订单记录,因此节约自己的支出。

● 功能分组用例描述。

表 7-5　我的服务订单用例描述

用例 ID	SFCMS-UC-07-03	用例名称	我的服务订单
执行者	当前用户		
前置条件	用户点击"我的服务订单"		
后置条件	用户订单信息显示成功		
基本事件流	1. 用户点击"我的服务订单" 2. 用户查看订单信息 3. 系统显示所有订单信息		
扩展事件流	1. 系统未检测到点击事件 2. 系统未检测到用户提交的信息 3. 系统信息显示失败		
异常事件流	第 2 或 3 步，出现系统故障，例如界面无信息显示，系统弹出系统异常页面，提示"系统出错，请重试"		
待解决问题			

2. 界面效果

按照上述步骤进行模块开发并实现如图 7-5 所示效果。

图 7-5　我的服务订单页面效果图

3. 单元测试

模块完成后,按照表7-6给出的单元测试用例进行本模块的单元测试。

表7-6　我的服务订单模块单元测试

我的服务模块单元测试				
测试用例标识符	输入/动作	期望输出	实际输出	备注
Testcase001	头像是否显示	显示		□通过 □未通过
Testcase002	名称是否显示	显示		□通过 □未通过
Testcase003	时间是否显示	显示		□通过 □未通过
Testcase004	价格是否显示	显示		□通过 □未通过

7.2.3　我的互动

1. 概要设计

（1）原型设计

我的互动模块分为最近创建、最近收藏、最近参与、最近关注的话题,主要作用是对用户参与过的话题进行分类。如图7-6所示。

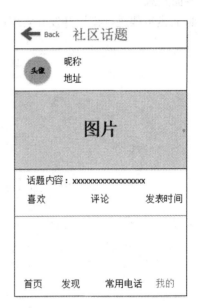

图7-6　我的互动页面设计图

（2）功能分析

● 功能分组页面描述。

我的互动模块的主要作用是用户可以查看自己互动的话题,并对话题进行点赞、评论等操作。

● 功能分组用例描述。

表 7-7　我的互动用例描述

用例 ID	SFCMS-UC-07-04	用例名称	我的互动
执行者	当前用户		
前置条件	用户点击"我的互动"		
后置条件	显示互动的话题		
基本事件流	1. 用户点击"我的互动" 2. 查看互动时间 3. 查看互动话题分类		
扩展事件流	1. 系统未检测到用户的点击事件 2. 系统未检测到用户提交的信息 3. 系统页面信息显示失败		
异常事件流	第 1 步,出现系统故障,例如界面无信息显示,系统弹出系统异常页面,提示"系统出错,请重试"		
待解决问题			

表 7-8　社区话题用例描述

用例 ID	SFCMS-UC-07-05	用例名称	社区话题
执行者	当前用户		
前置条件	用户点击"社区话题"		
后置条件	跳转到社区话题界面		
基本事件流	1. 用户点击"每个分类话题" 2. 社区话题信息显示 3. 用户查看社区话题		
扩展事件流	1a. 系统未检测到用户的点击事件 2a. 系统未检测到用户提交的信息 3a. 系统页面信息显示失败		
异常事件流	第 1 步,出现系统故障,例如界面无信息显示,系统弹出系统异常页面,提示"系统出错,请重试"		
待解决问题			

2. 界面效果

按照上述步骤进行模块开发并实现如图 7-7 所示效果。

图 7-7　我的互动页面效果图

3. 单元测试

模块完成后，按照表 7-9 给出的单元测试用例进行本模块的单元测试。

表 7-9　功能分组模块单元测试

功能分组模块单元测试				
测试用例标识符	输入 / 动作	期望输出	实际输出	备注
Testcase001	点击"返回"按钮	返回到我的模块		□ 通过 □ 未通过
Testcase002	点击"每个分类话题"	跳转到社区分类界面		□ 通过 □ 未通过
Testcase003	话题图片是否显示	显示		□ 通过 □ 未通过
Testcase004	话题时间是否显示	显示		□ 通过 □ 未通过
Testcase005	社区话题名称是否显示	显示		□ 通过 □ 未通过
Testcase006	社区话题地址是否显示	显示		□ 通过 □ 未通过
Testcase007	社区话题简介是否显示	显示		□ 通过 □ 未通过
Testcase008	社区话题喜欢、评论按钮是否显示	显示		□ 通过 □ 未通过

7.2.4　我的访客通行

1. 概要设计

（1）原型设计

我的访客通行模块主要显示访客的名称、地址、性别、车牌号、到访时间等内容。如图 7-8 所示。

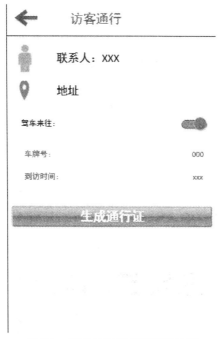

图 7-8　我的访客通行页面设计图

（2）功能分析

● 功能分组页面描述。

我的访客通行模块是访客来访信息的登记，对到访人姓名、驾车的车牌号进行登记，保障社区居民的安全。

● 功能分组用例描述。

表 7-10　我的访客通行用例描述

用例 ID	SFCMS-UC-07-06	用例名称	我的访客通行
执行者	当前用户		
前置条件	用户点击"访客通行"		
后置条件	跳转到访客通行界面		
基本事件流	1. 用户点击"访客通行" 2. 用户点击"返回"按钮 3. 用户点击生成通行证按钮 4. 用户填写访客信息		

扩展事件流	1. 系统未检测到点击事件 2. 系统未检测到用户生成通行证按钮 3. 系统页面信息显示失败
异常事件流	第1或4步,出现系统故障,例如界面无信息显示,系统弹出系统异常页面,提示"系统出错,请重试"
待解决问题	

2. 界面效果

按照上述步骤进行模块开发并实现如图 7-9 所示效果。

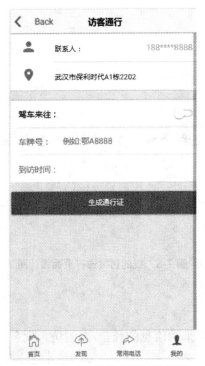

图 7-9　我的访客通行页面效果图

3. 单元测试

模块完成后,按照表 7-11 给出的单元测试用例进行本模块的单元测试。

表 7-11　功能分组模块单元测试

功能分组模块单元测试				
测试用例标识符	输入 / 动作	期望输出	实际输出	备注
Testcase001	点击"返回"按钮	返回到我的模块		□ 通过 □ 未通过
Testcase002	点击"生成通行证"按钮	生成通行证		□ 通过 □ 未通过
Testcase003	联系人是否显示	显示		□ 通过 □ 未通过

续表

功能分组模块单元测试				
测试用例标识符	输入 / 动作	期望输出	实际输出	备注
Testcase004	联系人地址是否显示	显示		□ 通过 □ 未通过
Testcase005	访客性别是否显示	显示		□ 通过 □ 未通过
Testcase006	访客车牌号是否显示	显示		□ 通过 □ 未通过
Testcase007	访客到访时间是否显示	显示		□ 通过 □ 未通过

7.2.5 我的快件

1. 概要设计

（1）原型设计

我的快件模块主要显示快件的名称、快递编号、备注、出发地、目的地、快递分类以及预计到达时间等内容。如图 7-10 所示。

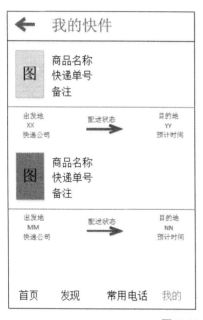
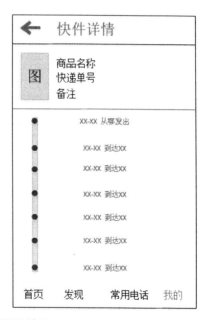

图 7-10 我的快件页面设计图

（2）功能分析

● 功能分组页面描述。

我的快件模块是用户快件信息查询，可以查看快件的编号，选择的快递以及快递的进程、预计到达时间，方便用户取件。

● 功能分组用例描述。

表 7-12　我的快件用例描述

用例 ID	SFCMS-UC-07-07	用例名称	我的快件
执行者	当前用户		
前置条件	用户点击"我的快件"		
后置条件	跳转到我的快件界面		
基本事件流	1. 用户点击"我的快件" 2. 用户点击"返回"按钮 3. 用户查看快件预计到达时间		
扩展事件流	1. 系统未检测到点击事件 2. 系统页面信息显示失败 3. 系统未检测到快件信息		
异常事件流	第 1 或 3 步,出现系统故障,例如界面无信息显示,系统弹出系统异常页面,提示"系统出错,请重试"		
待解决问题			

表 7-13　快件详情用例描述

用例 ID	SFCMS-UC-07-08	用例名称	快件详情
执行者	当前用户		
前置条件	用户点击"快件详情"		
后置条件	跳转到我的快件详情界面		
基本事件流	1. 用户点击"快件详情" 2. 用户点击"返回"按钮 3. 用户查看快件到达地点		
扩展事件流	1. 系统未检测到点击事件 2. 系统页面信息显示失败 3. 系统未检测到快件信息		
异常事件流	第 1 或 3 步,出现系统故障,例如界面无信息显示,系统弹出系统异常页面,提示"系统出错,请重试"		
待解决问题			

2. 界面效果

按照上述步骤进行模块开发并实现如图 7-11 所示效果。

图 7-11　我的快件页面效果图

3. 单元测试

模块完成后,按照表 7-14 给出的单元测试用例进行本模块的单元测试。

表 7-14　我的快件模块单元测试

我的快件模块单元测试				
测试用例标识符	输入 / 动作	期望输出	实际输出	备注
Testcase001	点击"返回"按钮	返回到我的模块		□ 通过 □ 未通过
Testcase002	商品名称是否显示	显示		□ 通过 □ 未通过
Testcase003	快递编号是否显示	显示		□ 通过 □ 未通过
Testcase004	备注是否显示	显示		□ 通过 □ 未通过
Testcase005	快递进程	显示		□ 通过 □ 未通过
Testcase006	商品图片	显示		□ 通过 □ 未通过
Testcase007	快递状态	显示		□ 通过 □ 未通过

7.2.6　我的地址

1. 概要设计

（1）原型设计

我的地址模块主要显示用户的姓名、电话、地址、编辑、删除按钮等内容。如图 7-12 所示。

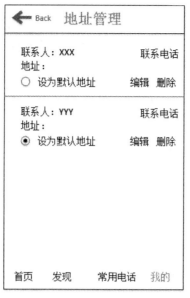

图 7-12　我的地址页面设计图

（2）功能分析

● 功能分组页面描述。

我的地址模块是用户对寄件地址进行管理,包括设置地址为默认地址、对地址进行编辑、删除等操作。

● 功能分组用例描述。

表 7-15　我的地址用例描述

用例 ID	SFCMS-UC-07-09	用例名称	我的地址
执行者	当前用户		
前置条件	用户点击"我的地址"		
后置条件	跳转到地址管理界面		
基本事件流	1. 用户点击"我的地址" 2. 用户点击"返回"按钮 3. 用户将地址设置为默认地址		
扩展事件流	1. 系统未检测到点击事件 2. 系统未检测到用户删除事件 3. 系统未检测到用户编辑事件		
异常事件流	第 1 或 3 步,出现系统故障,例如界面无信息显示,系统弹出系统异常页面,提示"系统出错,请重试"		
待解决问题			

2. 界面效果

按照上述步骤进行模块开发并实现如图 7-13 所示效果。

图 7-13　我的地址页面效果图

3. 单元测试

模块完成后,按照表 7-16 给出的单元测试用例进行本模块的单元测试。

表 7-16　功能分组模块单元测试

功能分组模块单元测试				
测试用例标识符	输入 / 动作	期望输出	实际输出	备注
Testcase001	点击"返回"按钮	返回到我的模块		□ 通过 □ 未通过
Testcase002	用户名称是否显示	显示		□ 通过 □ 未通过
Testcase003	用户联系电话是否显示	显示		□ 通过 □ 未通过
Testcase004	用户地址是否显示	显示		□ 通过 □ 未通过
Testcase005	点击设为默认地址	地址设置为默认地址		□ 通过 □ 未通过
Testcase006	点击"编辑"按钮	编辑寄件地址		□ 通过 □ 未通过
Testcase007	点击"删除"按钮	删除寄件地址		□ 通过 □ 未通过

7.2.7 设置

1. 概要设计

（1）原型设计

设置模块主要显示用户的用户名、简介、头像、手机号等信息,可以对密码进行更改,查看APP版本信息、联系方式并且可以分享软件。如图7-14所示。

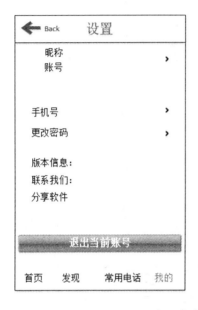

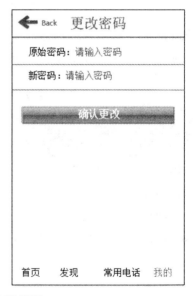

图 7-14 设置模块页面设计图

（2）功能分析

● 功能分组页面描述。

设置模块是用户信息的设置,包括手机号、用户名称等,并且具有更改手机号、查看 APP

版本信息、联系方式、分享软件等功能。

● 功能分组用例描述。

表 7-17 设置用例描述

用例 ID	SFCMS-UC-07-10	用例名称	设置
执行者	当前用户		
前置条件	用户点击"设置"		
后置条件	跳转到设置界面		
基本事件流	1. 用户点击"设置" 2. 用户点击"返回"按钮 3. 显示设置的信息		
扩展事件流	1. 系统未检测到点击事件 2. 系统未检测到用户更改密码事件 3. 系统未检测到用户保存事件		
异常事件流	第 1 或 3 步,出现系统故障,例如界面无信息显示,系统弹出系统异常页面,提示"系统出错,请重试"		
待解决问题			

2. 界面效果

按照上述步骤进行模块开发并实现如图 7-15 所示效果。

3. 单元测试

模块完成后,按照表 7-18 给出的单元测试用例进行本模块的单元测试。

表 7-18 功能分组模块单元测试

功能分组模块单元测试				
测试用例标识符	输入 / 动作	期望输出	实际输出	备注
Testcase001	点击"返回"按钮	返回到发现页面		□ 通过 □ 未通过
Testcase002	头像是否显示	显示		□ 通过 □ 未通过
Testcase003	用户名是否显示	显示		□ 通过 □ 未通过
Testcase004	简介是否显示	显示		□ 通过 □ 未通过
Testcase005	编辑信息是否显示	显示		□ 通过 □ 未通过
Testcase006	手机号更改是否成功	更改成功		□ 通过 □ 未通过
Testcase007	版权是否显示	显示		□ 通过 □ 未通过
Testcase008	联系我们是否显示手机号	显示		□ 通过 □ 未通过
Testcase009	分享软件是否成功	显示		□ 通过 □ 未通过
Testcase0010	退出账号是否成功	退出成功		□ 通过 □ 未通过

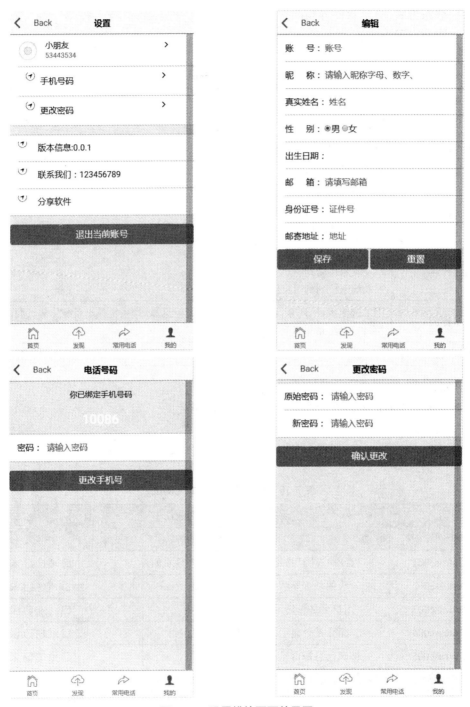

图 7-15　设置模块页面效果图

【轻松一刻】

1. 场景一

面试官："熟悉哪种语言？"应聘者："JAVA。"面试官："知道什么叫类吗？"应聘者："我这人实在,工作努力,不知道什么叫累。"面试官:"知道什么是包吗?"应聘者:"我这人实在平常不带包也不用公司准备了。"面试官:"知道什么是接口吗?"应聘者:"我这个人工作认真,从来不找借口偷懒。"面试官:"知道什么是继承吗?"。应聘者:"我是孤儿没什么可以继承的。"面试官:"知道什么叫对象吗?"应聘者:"知道,不过我工作努力,上进心强,暂时还没有打算找对象。"面试官⋯⋯

2. 场景二

据说有一位软件工程师,一位硬件工程师和一位项目经理同坐车参加研讨会。不幸在从盘山公路下山时车坏在半路上了。于是两位工程师和一位经理就如何修车的问题展开了讨论。硬件工程师说:"我可以用随身携带的瑞士军刀把车坏的部分拆下来,找出原因,排除故障。"项目经理说:"根据经营管理学,应该召开会议,根据问题现状写出需求报告,制订计划,编写日程安排,逐步逼近,alpha 测试,beta1 测试和 beta2 测试解决问题。"软件工程说:"咱们还是应该把车推回山顶再开下来,看看问题是否重复发生。"

本模块开发过程中,小组成员每天提交开发日志,模板参见附录 5 开发日志。本模块完成后,以小组为单位提交模块开发报告并提交技术文档(不少于 3 份),参见附录 7、附录 9 模块完成报告模板进行填写。

我的模块开发报告		
小组名称		
负责人		
小组成员		
工作内容		
状态	☐ 正常　☐ 提前　☐ 延期	
小组得分		
备注		

模块八　智慧社区项目测试及发布

本模块主要介绍如何实现移动应用的测试和客户端项目如何发布到应用商店。通过本模块的学习,理解并掌握系统测试和项目发布的主要流程以及系统测试方法,调试程序使之达到预期的结果。

- 熟悉项目测试文档。
- 掌握项目测试的主要流程及其方法。
- 熟悉本系统所需测试的所有用例以及预期结果。
- 掌握项目发布的流程。

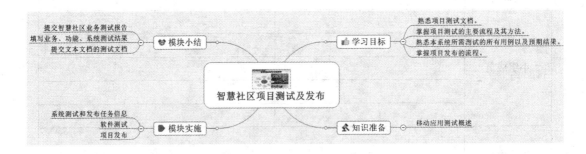

移动应用测试是应用开发过程中的一个重要组成部分。在这个过程中,我们将智慧社区中的功能进行验证和确认。根据智慧社区的需求文档和设计文档对智慧社区的功能用例以及服务器系统进行测试,将整个项目作为测试的对象,在实际的应用环境中,在用户的直接参与下进行。其目的是尽快地发现本应用存在的各种问题以及功能与用户需求和预先定义的是否一致。并且在实际的运行环境中,可以对应用本身性能的实现、环境异常情况和人为恶意破坏时应用的自我保护等特点进行测试。

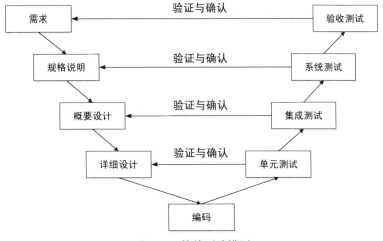

图 8-1　软件测试模型

8.1　系统测试和发布任务信息

任务编号 SFCMS-08-01，如表 8-1、表 8-2 所示。

表 8-1　基本信息

任务名称	系统测试和部署				
任务编号	SFCMS-08-01	版本	1.0	任务状态	
计划开始时间		计划完成时间		计划用时	
负责人		作者		审核人	
工作产品	【 】文档【 】图表【 】测试用例【 】代码【 】可执行文件				

表 8-2　角色分工

岗位	系统分析	系统设计	系统页面实现	系统逻辑编程	系统测试
负责人					

8.2 软件测试

软件测试是软件开发过程中的一个重要组成部分,是对产品进行验证和确认的过程。在这个阶段,我们要针对智慧社区进行测试计划的制订以及测试用例的编写。之后,按照测试计划以及测试用例对项目进行测试,整理出测试结果并对其进行分析,最后对项目进行 Bug 的修复。软件测试基本流程如图 8-2 所示。

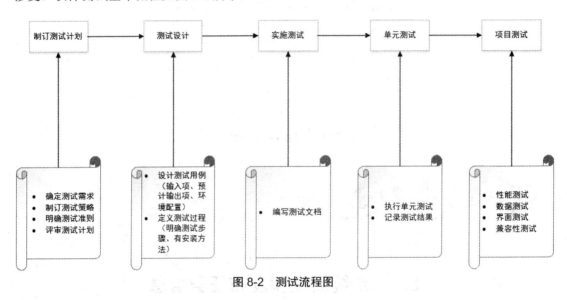

图 8-2 测试流程图

8.2.1 软件测试简介

1. 软件测试目的

智慧社区移动应用的测试是基于本系统的整体需求说明书的黑盒类测试,对象不仅仅包括需测试的软件,还要包含软件所依赖的硬件,例如服务器。系统测试应该在实际的应用环境中,在用户的直接参与下进行,目的是在实际运行环境中,观察应用本身性能的实现。测试的内容可包括:功能测试、用户界面测试、安全性和访问控制测试、兼容性测试、性能测试等。

2. 系统测试范围

系统测试主要根据用户需求说明书以及系统设计过程中的相应文档对系统进行检验,包括功能测试、性能测试、安全性和访问控制测试、用户界面测试以及兼容性测试等。而单元测试由开发人员来执行,最终的系统测试是由测试人员进行测试。系统测试主要包括功能测试、性能测试、数据测试、界面测试和兼容性测试等内容。

● 功能测试主要针对包括首页模块、发现模块、常用电话模块、我的模块四个模块的所有功能进行测试,记录相应的测试流程以及测试结果(相当于开发过程中的单元测试)。

● 性能测试是对项目整体进行的测试,包括大数据量测试、负载测试、压力测试、按钮状态是否正确测试等。

● 数据测试是对系统内各个数据获取情况的测试,查看是否能够正确获取数据并显示到界面等。

● 界面测试主要包括调整手机屏幕大小后页面是否能完整显示、页面中的提示、警告,或错误说明是否清楚、明了、恰当等。

● 兼容性测试包括更换手机及系统版本是否会对系统造成影响等。

3. 测试参考资料

在软件测试过程中,我们将根据开发过程中提交的文档进行全面详细的测试。具体文档如表 8-3 所示。

表 8-3　智慧社区参考资料文档

资料名称	备注
《智慧社区需求分析报告》	附录 2
《智慧社区详细设计说明书》	附录 3
《智慧社区数据库设计说明书》	附录 4
《项目测试计划表》	表 8-4

8.2.2　软件测试计划

在制订测试计划之前,要整理软件测试所需资源,包括软件资源、硬件资源、人力资源。具备了这些条件,测试功能才能展开。软件测试要规定清晰的测试阶段和测试内容,明确测试目的和测试周期,每一个测试周期的时间起始点都要写明,以便测试进度的如期进行。本项目测试计划表如表 8-4 所示。

表 8-4　项目测试计划表

测试阶段	测试内容		测试目的	测试人数	工作时间
环境配置	准备 SQL Sever 2008 R2 数据库		搭建系统测试环境	2	1
	Ionic 环境(Hybrid APP)		搭建客户端开发环境	2	1
	Android studio(Native APP)		搭建客户端开发环境	2	1
功能测试	首页模块	最新消息展示、日常需求、智慧管家、业主自治、友邻社交部分	核实所有功能均已实现,即可按用户的需求使用系统 业务流程检验:各个业务流程能够满足用户需求,用户使用不会产生疑问 数据准确:各数据输入输出时系统计算准确	4	3
	发现模块	周边商圈、工作室信息是否正确,红黑榜信息			
	常用电话模块	查看常用电话			
	我的模块	个人信息是否正确、服务订单、互动、访客数据是否显示			

测试阶段	测试内容	测试目的	测试人数	工作时间
性能测试	页面结构包括菜单、背景、颜色、字体、按钮、Title、提示信息的一致性等，友好性、易用性、合理性、一致性、正确性	核实应用风格符合是否标准，能够保证用户界面友好性、易操作性，符合用户操作习惯	2	2
界面测试	用不同型号的不同手机：华为、小米、乐视 操作系统：Android 系统版本为 4.4 及以上版本 不同操作系统、不同型号手机等组合测试	核实应用在不同的软件和硬件配置中运行是否稳定	2	1

8.2.3　软件测试环境的配置

在配置测试环境的过程中，我们需要遵循以下几个原则。

● 符合软件运行的最低要求。首先要保证能支撑软件正常运行。

● 测试机的操作系统选用相对普及的操作系统版本，保证不存在差异性。

● 营造相对简单、独立的测试环境。除了测试机的操作系统外，在测试机上只安装在本系统测试过程中必须的软件，以免不相关的软件影响测试的实施。

● 在实施软件测试前，要利用有效的正版杀毒软件检测软件环境，保证测试环境中没有病毒的破坏。

1. 网络环境

网络环境是指由软件运行时的网络系统、网络结构以及其他网络设备构成的环境。在本系统中，使用 Windows 自带的网络即可。

2. 服务器环境

服务器环境配置表见表 8-5 所示。

表 8-5　服务器环境配置表

资源名称 / 类型	配　置
测试 PC	主频 1.6GHz，硬盘 40G，内存 512MB
应用服务器	Tomcat 服务器
数据库管理系统	SQL Server 2008 R2
应用软件	Eclipse

3. 搭建环境流程

根据所需的网络环境、服务器环境以及对硬件及软件的需求，进行环境的搭建。在环境搭建过程中，系统也会暴露问题，需要进行记录并修改，直至环境搭建完成。搭建环境流程如图 8-3 所示。

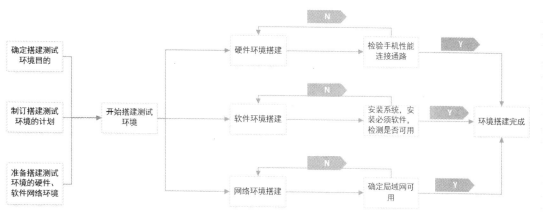

图 8-3　环境搭建流程图

8.2.4　软件测试过程

1. 测试流程

表 8-6　测试流程表

测试用例标识符	输入/动作	期望输出	实际输出	测试结果	备注
业务测试					
Testcase	用户登录流程	完成流程		□ 通过 □ 未通过	
Testcase	训练流程	完成流程		□ 通过 □ 未通过	
功能测试					
Testcase				□ 通过 □ 未通过	首页模块测试
Testcase				□ 通过 □ 未通过	
Testcase				□ 通过 □ 未通过	
Testcase				□ 通过 □ 未通过	发现模块测试
Testcase				□ 通过 □ 未通过	
Testcase				□ 通过 □ 未通过	
Testcase				□ 通过 □ 未通过	常用电话模块测试
Testcase				□ 通过 □ 未通过	
Testcase				□ 通过 □ 未通过	
Testcase				□ 通过 □ 未通过	我的模块测试
Testcase				□ 通过 □ 未通过	
Testcase				□ 通过 □ 未通过	
应用测试					
测试用例标识符	测试内容			测试结果	备注

续表

测试用例标识符	输入/动作	期望输出	实际输出	测试结果	备注
Testcase001	大数据量测试			□ 通过 □ 未通过	性能测试
Testcase002	负载测试			□ 通过 □ 未通过	
Testcase003	压力测试			□ 通过 □ 未通过	
Testcase004	所有数据均显示到页面			□ 通过 □ 未通过	数据测试
Testcase005	数据是否存在			□ 通过 □ 未通过	
Testcase006	应用中是否有孤立的页面			□ 通过 □ 未通过	
Testcase007	提示、警告,或错误说明是否清楚、明了、恰当			□ 通过 □ 未通过	
Testcase008	是否有错误提示			□ 通过 □ 未通过	
Testcase009	是否有提示说明			□ 通过 □ 未通过	
Testcase010	更换手机以及 Android 系统版本进行测试			□ 通过 □ 未通过	兼容性测试

2. 测试人员

表 8-7　测试人员表

职务	姓名	E-mail	电话
开发工程师			
测试人员			

8.2.5　软件测试结果

在进行软件测试过程中,不可能所有的功能用例全部通过复杂的测试。因此,在软件测试过程中,我们将没有通过测试的用例进行记录并在全部用例都测试完成后进行 Bug 的修复。Bug 修复表如表 8-8 所示。

表 8-8　Bug 修复表

测试用例标识符	错误或问题描述	错误原因	解决方案	测试结果
例: Testcase	跳转的页面不存在	没有在 AndroidManifes.xml 中配置 activity	改正地址拼写	√通过 □ 未通过
Testcase				□ 通过 □ 未通过
Testcase				□ 通过 □ 未通过
Testcase				□ 通过 □ 未通过
Testcase				□ 通过 □ 未通过
Testcase				□ 通过 □ 未通过
Testcase				□ 通过 □ 未通过
Testcase				□ 通过 □ 未通过
Testcase				□ 通过 □ 未通过

8.3　项目发布

8.3.1　Hybrid APP 项目发布

第一步:打包 APK。

项目测试完成后,需要将项目打包发布到应用市场。使用混合开发框架有两种打包的版本,一种是 debug 调试版,一种是 release 发布版。打包 debug 调试版需在工程目录下执行命令: ionic build android;打包 release 发布版,在工程目录下执行命令: ionic build android --release。

第二步:签名 APK。

(1)生成签名的秘钥。

生成签名的秘钥需要使用 JDK 附带的 keytool 工具,该文件一般在 JDK 路径下的 bin 目录下。使用如下命令生成签名文件,效果如图 8-4 所示。

```
keytool -genkey -v -keystore android.keystore -alias android.keystore -keyalg RSA -keysize 2048 -validity 10000
```

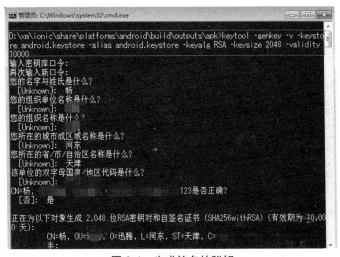

图 8-4　生成签名的秘钥

(2)进行签名。

对 APK 文件签名需要使用 JDK 附带的 jarsigner 工具,该文件一般在 JDK 路径下的 bin 目录下。进入生成 APK 文件的目录,使用如下命令进行签名。效果如图 8-5 所示。

```
jarsigner -verbose -keystore Android.keystore -signedjar enhanced_ signed.apk enhanced.apk android.keystore
```

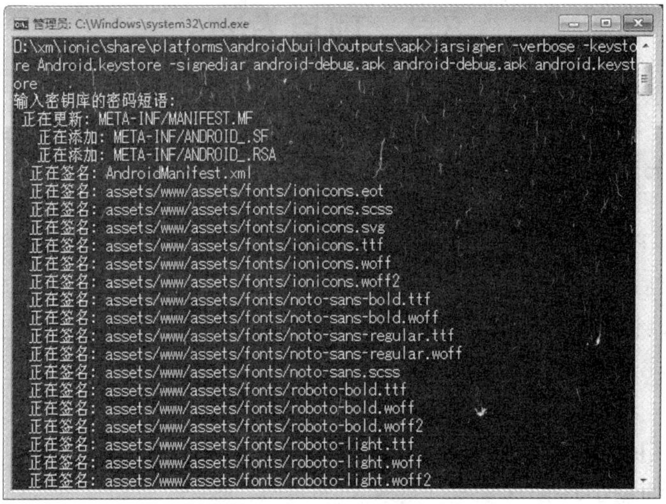

图 8-5　进行签名效果图

第三步：优化 APK 文件。

（1）在 SDK 安装目录下的 build-tools 里找到 zipalign.exe，本书 zipalign.exe 所在目录为 D: \sdk\build-tools\25.0.0。

（2）把需要优化的 .apk 文件复制到 D: \sdk\build-tools\25.0.0 目录下。

（3）在该目录下使用"shift 键 + 鼠标右击"，选择在此处打开命令窗口，执行以下命令。优化成功后效果如图 8-6 所示。

```
zipalign -v 4 android-debug.apk xing.apk
```

图 8-6　优化文件效果图

第四步：发布 Android 应用。

（1）打开安卓市场官网（http://APK.hiAPK.com/），在右上角找到注册按钮，先注册账号成为开发者。如图 8-7、图 8-8 所示。

图 8-7　安卓市场官网

图 8-8　注册界面

（2）账号注册完以后进入网站，点击上传按钮，上传 APP。如图 8-9 所示。

图 8-9　上传 APP 效果图

（3）填写应用信息。用户通过这些信息，了解 APP 并决定是否下载。应用信息包括应用程序的名称、语言、宣传文字等。如图 8-10 所示。

图 8-10　上传 APP 界面

8.3.2　Native APP 项目发布

首先打开 Android Studio 上的 UJB_Project 项目。

第一步：点击"Build"，选择"Generate Signed APK..."。如图 8-11 所示。

图 8-11　选择 "Generate Signed APK..."

第二步：弹出"Generate Signed APK"窗口，如果没有 Key 则需要创建一个，如果有则选择存在的 Key。如图 8-12 所示。

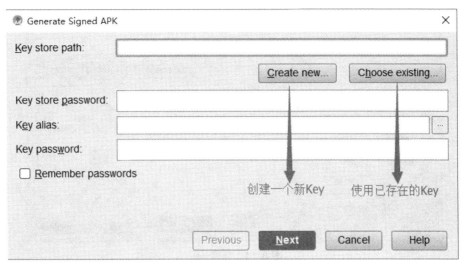

图 8-12　选择 key

第三步：创建一个新 Key，根据需要填写相关项。如图 8-13 所示。

图 8-13　创建 key

第四步：点击 OK 后，可以看到已经填写的信息，如没有，则须自己去填写。可根据需要选择是否记住密码。如图 8-14 所示。

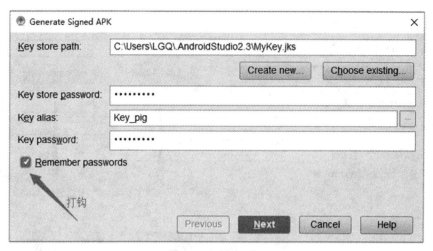

图 8-14　创建 key

第五步：点击 Next，出现密码验证，然后点击"OK"。如图 8-15 所示。

图 8-15　密码验证

第六步：验证成功后，点击"Finish"。如图 8-16 所示。

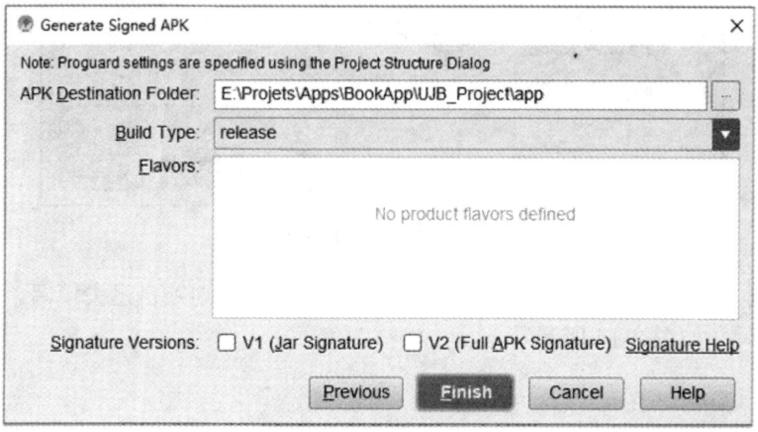

图 8-16　验证成功

第七步：当出现如图 8-17 所示界面时，说明打包成功。

图 8-17　打包成功

第八步：打包后的 APK 存放在 app 的目录下。如图 8-18 所示。

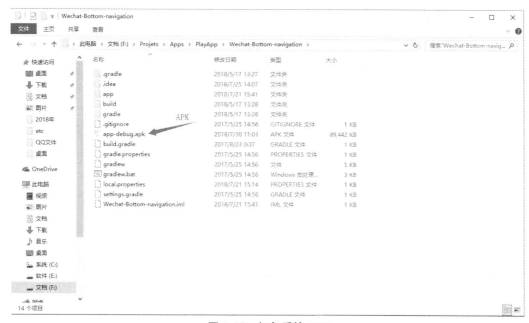

图 8-18　打包后的 APK

第九步：打包签名完成后，如果要验证是否签名，只需要输入如图 8-19 所示指令即可，效果如图 8-20 所示。

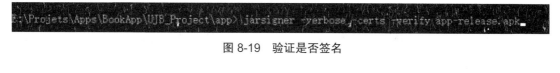

图 8-19　验证是否签名

图 8-20　验证效果

【轻松一刻】

1. 场景一

程序员 A："我吃鱼香肉丝盖饭,你吃什么?"

程序员 B："宫保鸡丁盖饭。"

程序员 A 在点菜单写上:

鱼香肉丝盖饭 1

宫保鸡丁盖饭 1

程序员 B："我还是要牛肉面吧!"

程序员 A 更正点菜单:

鱼香肉丝盖饭 1

宫保鸡丁盖饭 1

牛肉面 1

2. 场景二

大家热烈欢迎,

现在向我们走来的是程序员方阵!

他们穿着拖鞋,披着毛巾,

左手拿着键盘,右手举着鼠标,

腋下夹着 USB 转换器。

他们因睡眠不足而显得精神不振,

喊着微弱的口号走过主席台。

主席问候:程序员们辛苦了!

程序员方队异口同声地答道:Hello World!

完成本模块的学习后,填写并提交智慧社区测试报告(参见附录 10)。

智慧社区测试报告				
测试用例标识符	测试用例名称	状态	测试结果	备注
业务测试				
Testcase				
Testcase				
组装功能测试				
Testcase				登录功能
Testcase				
Testcase				
Testcase				

续表

智慧社区测试报告			
Testcase			
Testcase			训练模块测试
Testcase			
Testcase			
Testcase			
Testcase			活动模块测试
Testcase			
Testcase			
Testcase			
Testcase			音乐模块测试
Testcase			
Testcase			
Testcase			
Testcase			编排模块测试
Testcase			
Testcase			
系统测试			
Testcase			
Testcase			性能测试
Testcase			
Testcase			
Testcase			
Testcase			数据测试
Testcase			
Testcase			
Testcase			界面测试
Testcase			
Testcase			
Testcase			
Testcase			兼容性测试

附　　录

附录 1　图书管理系统可行性研究报告(样例)

图书管理系统可行性研究报告		
项目名称	图书管理系统	
项目背景	对于图书馆庞大的进出图书流量,繁多的图书种类,要管理这些依靠人力已经远远不足,不仅会花费很多人力物力,而且还会花费额外的费用。因此,计算机系统的应用就显得非常重要,可以通过软件实现对图书的进、销、存管理,提高工作效率、服务质量和管理水平,并且使得图书馆管理人员可以轻松地进行管理。因而研发图书馆管理系统已经成为一件迫在眉睫的事	
项目研发目的	以最低的成本,在最短的期限内开发出具有管理图书和用户信息功能的图书馆管理信息系统,包括人力与设备费用的节省,处理速度的提高和人员工作效率的提高等	
市场可行性	市场应用范围	大型图书馆或校园图书馆
	产品定位	中大型图书馆
技术可行性	功能方向确定	
	框架及其技术分析	Angular+Ionic+SQL Server

图书管理系统可行性研究报告		
资源可行性	开发人员资源	对于此系统的开发,需要至少两名有经验的软件开发人员,系统的操作人员以及后期维护人员
	开发周期资源	30 天
	开发软件资源	WebStorm 11.0.3 SQL Server 5.0
	开发设备资源	CPU:PentiumIII 500 以上处理器 内存:128MB 以上 硬盘:200G 以上
社会可行性	法律可行性	由于所有软件都用正版,技术资料都由提出方保管,数据信息均可保证合法来源,所以,在法律方面是可行的
	政策可行性	本系统的开发是没有国家或地方政府的限制
结论		本项目具有方便快捷等优势,使得图书管理实现电子化,符合社会信息化发展的需要,技术、经济、操作、法律方面都是可行的。因此,开发该系统是完全可以的

附录 2　图书管理系统需求分析报告(样例)

图书管理系统需求分析报告	
项目名称	图书管理系统
业务需求	在图书管理系统中,管理员为每个读者建立一个账户,账户内存储每个人的详细信息并依据读者类别给不同读者发放借书卡(提供借书卡号、姓名、部门或班级等信息)。读者可以凭借书卡在图书馆进行图书的借、还、续借、查询等操作。不同类别的读者在借书限额、还书期限以及续借的次数上要有所不同 借阅图书时,由管理员录入借书卡。系统首先验证该卡号的有效性,若无效,则提示无效的原因;若有效,则显示卡号、姓名、借书限额、已借数量等信息,本次实际借书的数量不能超出可再借数量的值。完成借书操作的同时要修改相应图书信息的状态、读者信息中的已借数量、在借阅信息中添加相应的记录 归还图书时,由管理员录入借书卡号和待归还的图书编号,显示借书卡号、读者姓名、读书编号、读书名称、借书日期、应归还日期等信息,并自动计算是否超期以及超期的罚款金额。若进行续借则取消超期和罚款等信息;若图书有损坏,由管理员根据实际情况从系统中选择相应的损坏等级,系统自动计算损坏赔偿金额。完成归还操作的同时,修改相应图书信息的状态、修改读者信息中的已借数量、在借书信息中对相应的借书记录做标记、在还书信息中添加相应的记录 图书管理员不定期地对图书进行添加、修改和删除等操作,在图书尚未归还的情况下不能对图书信息进行删除。也可以对读者信息进行添加、修改、删除等操作,在读者还有未归还的图书的情况下不能进行删除读者信息 系统管理员主要进行图书管理员权限的设置、读者类别信息的限制以及罚款和赔偿标准的设置、数据备份和数据恢复等处理

续表

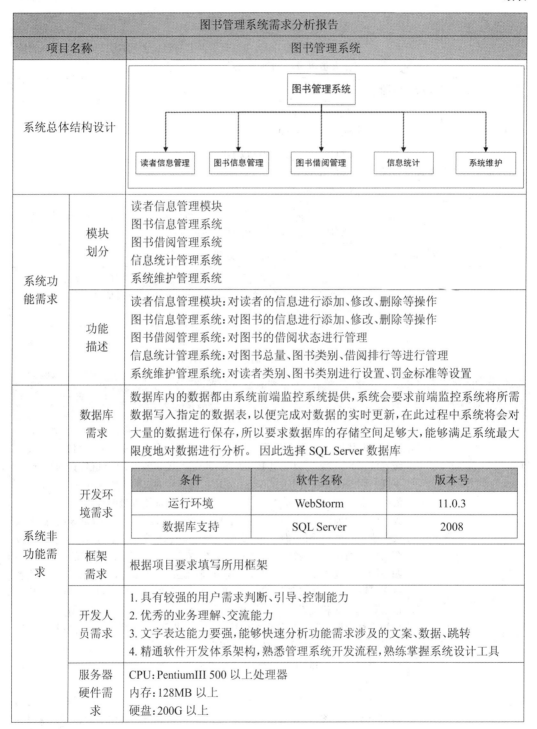

图书管理系统需求分析报告		
项目名称	图书管理系统	
系统总体结构设计		
系统功能需求	模块划分	读者信息管理模块 图书信息管理系统 图书借阅管理系统 信息统计管理系统 系统维护管理系统
	功能描述	读者信息管理模块:对读者的信息进行添加、修改、删除等操作 图书信息管理系统:对图书的信息进行添加、修改、删除等操作 图书借阅管理系统:对图书的借阅状态进行管理 信息统计管理系统:对图书总量、图书类别、借阅排行等进行管理 系统维护管理系统:对读者类别、图书类别进行设置、罚金标准等设置
系统非功能需求	数据库需求	数据库内的数据都由系统前端监控系统提供,系统会要求前端监控系统将所需数据写入指定的数据表,以便完成对数据的实时更新,在此过程中系统将会对大量的数据进行保存,所以要求数据库的存储空间足够大,能够满足系统最大限度地对数据进行分析。因此选择 SQL Server 数据库
	开发环境需求	<table><tr><td>条件</td><td>软件名称</td><td>版本号</td></tr><tr><td>运行环境</td><td>WebStorm</td><td>11.0.3</td></tr><tr><td>数据库支持</td><td>SQL Server</td><td>2008</td></tr></table>
	框架需求	根据项目要求填写所用框架
	开发人员需求	1. 具有较强的用户需求判断、引导、控制能力 2. 优秀的业务理解、交流能力 3. 文字表达能力要强,能够快速分析功能需求涉及的文案、数据、跳转 4. 精通软件开发体系架构,熟悉管理系统开发流程,熟练掌握系统设计工具
	服务器硬件需求	CPU:PentiumIII 500 以上处理器 内存:128MB 以上 硬盘:200G 以上

附录 3　图书管理系统详细设计说明书(样例)

图书管理系统详细设计	
项目名称	图书管理系统
系统模块以及子模块功能划分	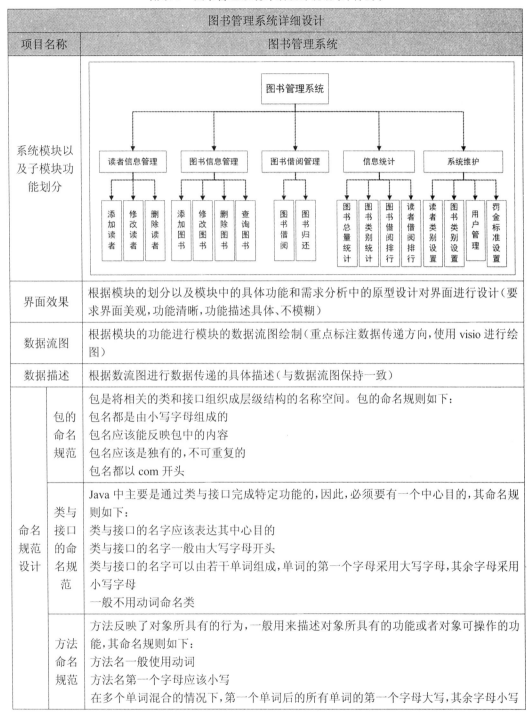
界面效果	根据模块的划分以及模块中的具体功能和需求分析中的原型设计对界面进行设计(要求界面美观,功能清晰,功能描述具体、不模糊)
数据流图	根据模块的功能进行模块的数据流图绘制(重点标注数据传递方向,使用 visio 进行绘图)
数据描述	根据数流图进行数据传递的具体描述(与数据流图保持一致)

命名规范设计	包的命名规范	包是将相关的类和接口组织成层级结构的名称空间。包的命名规则如下: 包名都是由小写字母组成的 包名应该能反映包中的内容 包名应该是独有的,不可重复的 包名都以 com 开头
	类与接口的命名规范	Java 中主要是通过类与接口完成特定功能的,因此,必须要有一个中心目的,其命名规则如下: 类与接口的名字应该表达其中心目的 类与接口的名字一般由大写字母开头 类与接口的名字可以由若干单词组成,单词的第一个字母采用大写字母,其余字母采用小写字母 一般不用动词命名类
	方法命名规范	方法反映了对象所具有的行为,一般用来描述对象所具有的功能或者对象可操作的功能,其命名规则如下: 方法名一般使用动词 方法名第一个字母应该小写 在多个单词混合的情况下,第一个单词后的所有单词的第一个字母大写,其余字母小写

续表

图书管理系统详细设计		
项目名称	图书管理系统	
命名规范设计	变量的命名规范	成员变量、局部变量、静态变量等都属于变量,变量的命名规则如下: 变量名开头必须为字母、下划线或者美元符号 变量名应该易于理解 在多个单词混合的情况下,第一个单词后的所有单词的第一个字母大写,其余字母小写
	常量的命名规范	常量的命名一般采用大写的英文单词,若有多个单词,则可以采用下划线连接

附录 4 图书管理系统数据库设计说明书(样例)

图书管理系统数据库设计	
项目名称	图书管理系统
数据库选型	MySql 5.0
数据库概念结构	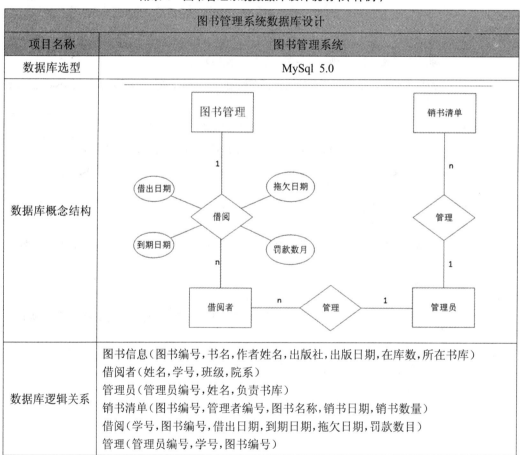
数据库逻辑关系	图书信息(图书编号,书名,作者姓名,出版社,出版日期,在库数,所在书库) 借阅者(姓名,学号,班级,院系) 管理员(管理员编号,姓名,负责书库) 销书清单(图书编号,管理者编号,图书名称,销书日期,销书数量) 借阅(学号,图书编号,借出日期,到期日期,拖欠日期,罚款数目) 管理(管理员编号,学号,图书编号)

图书管理系统数据库设计	
项目名称	图书管理系统
数据库物理结构	**<1> 借阅者表单**

<1> 借阅者表单

名	类型	长度	小数点	允许空值 (	
▶ 学号	char	10		☐	🔑1
姓名	char	10		☐	
班级	char	10		☑	
院系	char	10		☑	

<2> 图书表单

名	类型	长度	小数点	允许空值 (	
▶ 图书编号	char	6		☐	🔑1
书名	char	10		☐	
作者姓名	char	10		☐	
出版社	char	10		☑	
出版日期	datetime	8		☑	
在库数	char	2		☐	
所在书库	char	1		☑	
入库日期	datetime	4		☑	
出库日期	datetime	4		☑	

<3> 管理员表单

名	类型	长度	小数点	允许空值 (Null)	
▶ 管理员编号	char	10		☐	🔑1
姓名	char	10		☐	
负责书库	char	2		☑	

<4> 管理表单

名	类型	长度	小数点	允许空值 (Null)	
▶ 管理员编号	char	10		☐	🔑1
学号	char	10		☐	🔑2
图书编号	char	6		☐	🔑3

<5> 销书清单表单

名	类型	长度	小数点	允许空值 (Null)	
▶ 图书编号	char	6		☐	🔑1
管理员编号	char	10		☐	🔑2
图书名称	char	10		☑	
销书日期	datetime	8		☑	
销书数量	char	10		☑	

图书管理系统数据库设计	
项目名称	图书管理系统
数据库安全设计	为了实现数据的安全性，SQL Server 通过检查口令、审核用户权限等手段来保护数据库中的数据。在 SQL Server 中，数据库的安全性分为四个层次来实现： （1）操作系统 用户要想进入数据库系统，首先必须是操作系统下的合法用户，只有操作系统的合法用户，才能登录进入相应的操作系统，进而才能连接 SQL Server （2）SQL Server 要想连接 SQL Server，必须进行身份验证。SQL Server 系统提供两种认证模式，一种是 Windows 认证模式，该模式只要将 Windows 账户加入到 SQL Server，登录 SQL Server 时就不再进行身份验证；另一种是 SQL Server 认证模式，该模式要求用户必须具有 SQL Server 登录账户，只有通过 SQL Server 身份验证，才能连接 SQL Server （3）SQL Server 数据库 连接 SQL Server 以后，如果用户要想访问 SQL Server 中的某个数据库，必须在这个数据库中具有用户账户，否则，将无法登录该数据库。通常，可以将 SQL Server 登录账户直接映射成数据用户账户，这样，就可以在登录 SQL Server 后直接进入数据库 （4）数据库对象 当用户登录到数据库以后，如果用户需要操作数据库中的对象，则必须设置数据库中的用户账户具有操作相应对象的权限。如果一组用户需要相同的权限，可以在数据库中定义数据库角色，给角色赋予权限，然后将这些用户设置为这个角色的成员，从而使用户获得角色的权限。使用数据库角色可以对用户权限进行统一管理，而不必去给每个用户分配权限
数据字典	整理数据字典，方便开发人员进行编写

附录5　开发日志模板

开发日志			
撰写人		日期	
小组名称		职务	
自评得分		完成情况	☐ 未完成　☐ 完成
工作主要内容：			

开发日志
未完成原因：
遇到的问题：
解决方案：
心得：
备注：

自评得分参考附录6：个人评分标准。

附录6　个人评分标准

评分标准	
工作进度（4分）	是否完成当天计划所有内容
完成质量（4分）	完成内容是否符合设计要求 开发过程中是否与同组成员进行沟通，是否存在因为沟通原因造成的系统错误 开发过程中的各项命名是否符合本系统命名规范 开发过程中是否遇到技术难点，是否解决
协作创新（2分）	同组人员是否能够相互协作，满足工作要求
总分	最终得分＝工作质量分数＋完成情况分数＋协作配合分数

附录7　模块完成报告

XXX 模块开发报告		
小组名称	小组名称	
负责人	小组负责人姓名	
小组成员	成员1	成员1开发角色
	成员2	成员2开发角色
	成员3	成员3开发角色
	成员4	成员4开发角色
	成员5	成员5开发角色
工作内容	本模块的完成情况、完成内容、数据库的设计（具体到每个人的工作内容）	
状态	☐ 正常　　☐ 提前　　☐ 延期	
小组得分	指导教师按照评分标准进行小组打分（十分制）	
备注	模块是否有问题未解决，是否遇到了技术难点，安排在什么时候进行解决	

指导教师根据附录8：教师评分标准进行打分。

附录8　教师评分标准

评分标准	
工作进度（4分）	是否完成模块所有内容
完成质量（4分）	模块内容丰富、科学，积极健康 呈现方式详细、清晰、合理 界面效果是否符合系统定位以及项目背景 界面排版格式是否符合规范 使用 JavaScript 脚本实现的界面特效是否正常运行 软件功能是否达到设计要求 功能是否能正确、稳定的运行 开发过程中技术运用是否合理、命名是否规范 是否提交开发日志以及日志是否合格 技术文档是否提交完整
协作创新（2分）	同组人员是否能够相互协作，满足工作要求
总分（10分）	最终得分 = 工作质量分数 + 完成情况分数 + 协作配合分数

附录9　模块开发技术说明书

XXX 模块开发技术文档			
撰写人		日期	
小组名称		职务	
本模块技术要点：			
内容：			
备注：			

附录10　智慧社区测试流程

智慧社区测试流程				
测试用例标识符	测试用例名称	状态	测试结果	备注
业务测试				
Testcase001				
Testcase002				
组装功能测试				
Testcase003				登录功能
Testcase004				
Testcase005				
Testcase007				权限模块测试
Testcase008				
Testcase009				
Testcase011				人员管理模块测试
Testcase012				
Testcase013				
Testcase015				能源管理模块测试
Testcase016				
Testcase017				

续表

智慧社区测试流程			
Testcase019			
Testcase020			环安管理模块测试
Testcase021			
系统测试			
Testcase023			
Testcase024			性能测试
Testcase025			
Testcase027			
Testcase028			链接测试
Testcase029			
Testcase030			
Testcase031			导航测试
Testcase032			
Testcase034			
Testcase035			界面测试
Testcase036			
Testcase038			
Testcase039			兼容性测试

附录 11　智慧社区 Bug 修复表

测试用例标识符	错误或问题描述	错误原因	解决方案	测试结果
例：Testcase	跳转的页面不存在	地址拼写错误	改正地址拼写	□ 通过 □ 未通过
Testcase				□ 通过 □ 未通过
Testcase				□ 通过 □ 未通过
Testcase				□ 通过 □ 未通过
Testcase				□ 通过 □ 未通过
Testcase				□ 通过 □ 未通过
Testcase				□ 通过 □ 未通过
Testcase				□ 通过 □ 未通过
Testcase				□ 通过 □ 未通过